KB126740

독립운동의 선구

예관 신규식 평전

독립운동의 선구

예관 신규식 평전

초판 1쇄 인쇄   2022년 9월 10일
초판 1쇄 발행   2022년 9월 25일

저 자 김삼웅
펴낸이 윤관백
펴낸곳 선인

등 록 제5-77호(1998. 11. 4)
주 소 서울특별시 양천구 남부순환로48길 1, 1층
전 화 02-718-6252
팩 스 02-718-6253
E-mail sunin72@chol.com

정 가 21,000원

ISBN 979-11-6068-747-7 93990

독립운동의 선구

예관 신규식 평전

김삼웅

대종교인 신규식

▌ 항일독립투쟁의 선구적인 인물

올해(2022년)는 예관(睨觀) 신규식(申圭植, 1880~1922) 선생 서거 100주년이다. 우리 독립운동사의 빛나는 성좌 중에 선구적인 독특한 경력을 가진 인물임에도 일반에게는 그리 친숙한 인물이 아니다. 대한민국 임시정부 부주석을 지낸 김규식(金奎植) 선생과 혼동하기도 하고, 일반에 흔히 쓰이지 않는 한자인 아호 예관의 '예(睨)' 자에서부터 관련된 책장을 덮기도 한다.

신규식 선생의 생애를 압축하는 진면목은 이 아호에 있다고 해도 지나치지 않으리라. "눈을 흘겨 본다"는 뜻의 '예관'이라 호를 짓게 된 사연은 이렇다. 대한제국의 육군무관학교를 졸업한 후 시위대 시절 을사늑약이 강제되었다. 선생은 의병을 일으키려다 실패하여 자살을 기도했다가 생명을 건졌으나 오른쪽 눈의 시신경이 마비되고 말았다. 이후 항일구국전선에 나서면서 "애꾸눈으로 왜놈을 흘겨본다"는 의지를 담아 '예관'이라 호를 지었다. 그리고 여기서 한 치의 뒤틀림도 없는 항일투쟁으로 42년의 짧은 삶을 바쳤다.

꽃이나 과일을 즐기면서도 이를 직접 심고 가꾸는 사람을 찾는 사람은 드물다. 일반인들이야 바쁜 일상에 그럴 겨를이 없을 것이라 탓하기 어렵다. 하지만 전문가나 연구자들의 경우는 달라야 하지 않을까.

베를린대학 초대 총장 등을 지낸 독일의 피히테(Johann Gottlieb Fichte, 1762~1814)는 나폴레옹(Napoléon Bonaparte)의 침략에 직면하여, 자국민의 민족의식을 환기시키고자 「독일국민에게 고함」이란 유명한 글을 짓고 연설을 하였다. 우리나라에서도 한 때 교과서에 소개될 정도로 저명한 인물이다.

그런데 예관 선생이 나라를 빼앗기고 망명지에서 지은 『한국혼(韓國魂)』은 해방 이래 학생들에게 거의 소개되지 않았다. 나라가 망한 이듬해(1911년) 31세가 된 예관은 다수의 독립운동가들이 택하는 만주나 연해주가 아닌 상하이로 망명하여 독립운동의 터전을 닦으면서 1912년부터 『한국혼』의 집필을 시작한다. 첫 대목부터가 나라 잃은 동포들의 마음을 울렁이게 한다.

백두산의 쓸쓸한 바람에 하늘도 땅도 시름에 젖고 푸른 파도가 굽이치니 거북과 용이 일어나서 춤을 춘다. 어둡고 긴 밤은 언제 그치려나. 사나운 비바람만 휘몰아친다. 5천 년 역사를 가진 조국은 짓밟혀 일본의 식민지가 되었고 2천만 백성은 떨어져 노예가 되었으니, 아아! 슬프다. 우리나라는 망했도다. 우리들은 기어이 망국의 백성이 되고 말 것인가?

개탄은 어느 누구나 하기 쉽다. 예관은 망국의 원인과 국치의 사유 그리고 국권회복의 방략을 찾고자 하여 이 책을 지었다.

마음이 죽어 버린 것보다 더 큰 슬픔은 없나니 우리나라의 망함은 백성들의 마음이 죽었기 때문이다. 이제 망국의 백성이 되어 갖은 슬픔을 당하면서도 오히려 어리석고 무지하여 깨닫지 못함은, 죽은 뒤에 한 번 더 죽는 것과 같다. 아아, 우리나라는 끝내 망하고 말았구나!

우리의 마음이 아직 죽어 버리지 않았다면 비록 지도가 그 빛을 달리 하고 역사가 그 이름을 바꾸어 우리 대한이 비록 망했다 하더라도 우리들의 마음속에는 각자 하나의 대한이 있는 것이니 우리의 마음은, 곧 대한의 혼은 아직도 돌아올 날이 있으리라. 힘쓸지어다, 동포여! 다 함께 대한의 혼을 보배스럽게 여겨 쓰러지지 않도록 할 것이며 먼저 개인의 마음을 구하여 죽지 않도록 하라.

예관 선생의 행적은 대단히 선구적이었다. 1911년에 발발한 중국 신해혁명(辛亥革命)의 중요성을 인식하고, 이를 한국 독립운동과 연결시키려면 혁명의 발상지인 상하이에 거점이 필요하다고 판단하였다. 1919년 3·1혁명 시기에 해외거주 동포의 수는 만주(간도)에 약 60만 명, 노령 연해주에 20만 명, 미국과 하와이에 약 1만 명, 상하이에 400여 명 정도였다.

예관이 망명지로 택했던 1911년경에는 상하이 거류 동포는 이보다도 더 적었다. 만주와 연해주는 동포가 많고 고국과 가까운 이점이 있었으나 일제의 영향권이고, 미국·하와이는 안전하지만 고국과 너무 멀어 독립전쟁을 일으키기에는 불리했다. 상하이는 두 지역의 중간지대인데다 조계지역이고 국제도시여서 국제여론을 일으키기 쉽겠다는 판단이 크게 작용하였다.

예관의 선구적인 역할은 신해혁명을 주도한 쑨원(孫文)의 '중국동맹회'에 한국인으로는 유일하게 가입하여 우한혁명(武昌革命)에 참여했다. 이를 계기로 우리 독립운동가들이 중국혁명세력과 손을 잡게 되었다.

그는 국치 이후 첫 해외독립운동 단체인 동제사 결성, 신한혁명당 조직, 「대동단결선언」 주도, 항일잡지 『진단주보』 발행, 「무오독립선언」에 참여한 데 이어 1919년 3월 여운형(呂運亨)·선우혁(鮮于赫) 등과 상하이에 독립임시사무소를 설치함으로써 대한민국 임시정부의 기틀을 마련하는 등 혼신의 노력을 다하였다. 임시정부는 선생의 열정이 담긴 결정체라고 해도 과언이 아니다.

마침내 임시정부가 수립되고 예관 선생은 임시의정원 부의장과 법무총장, 국무총리 대리에 취임하여 혼란기 임시정부를 수습하고 광동특사로 쑨원 총통과 만나 외교문서를 증정했다. 이를 계기로 중국 호법정부로부터 대한민국 임시정부가 공식 승인되었다.

임시정부 수립의 산파역을 해낸 예관 선생은 이승만(李承晩)의 국정농단을 둘러싸고 임시정부가 혼란 상태에 빠져들자 심장병과 신경쇠약으로 병석에 누워 25일 동안 불식(不食)·불어(不語)·불약(不樂)으로 시종하다가 "정부, 정부"를 부르짖으며 숨을 거두었다. 32세에 망명하여 42세를 일기로 눈을 감을 때까지 한 번도 고국 땅을 밟지 못한 채 만리타국에서 순국하였다. 동료들이 이제부터라도 더이상 분열하지 말고 임시정부를 중심으로 단합하라는 마지막 남긴 유언이었다.

차례

차례

제1장

출생과 가계

▌ 신숙주의 후예로 태어나

신규식은 1880년 2월 22일(음력 1월 23일) 충청북도 문의군 동면 계산리에서 아버지 신용우(申龍雨)와 어머니 전주최씨 사이의 둘째 아들로 태어났다. 형은 정식(廷植), 아래로 건식(建植)과 동식(東植) 두 동생이 있었다. 아버지는 의금부 도사(都事)를 지낸 관리출신이다. 도사란 조선조 때 주로 관리들의 감찰과 규탄을 맡아보던 종5품의 벼슬아치를 말한다.

어머니의 가계 역시 대대로 명문의 집안이었다. 신규식의 본관은 고령(高靈)이며 자는 공집(公執)이다. 가계는 고려말 문장과 절개로 이름난 곽은 덕린(德鄰)을 시조로 하지만 조선조 초기 여섯 왕을 섬기면서 정공의 반열에 오른 보한재(保閑齋) 신숙주를 선조로 치고 있다.

신숙주(申叔舟, 1417~1475)는 성삼문(成三問, 1418~1456)과 함께 세종대왕의 한글창제에 큰 공을 세웠다. 만주의 요동에서 귀양살이하던 명나라 한림학사 황찬(黃瓚)을 10여 차례 찾아가 필요한 지식을 얻을 정도로 한글창제에 열성을 보였다. 한글창제에 그의 기여에 대해 다음과 같은 기록이 전한다.

> 공이 한어, 왜어, 몽고어, 여진어 등의 말에 능통해서 때로 통역을 빌지 않고도 스스로 뜻을 통했다. 뒤에 공이 손수 모든 나라의 말을 번역하여 버렸는데 통역들이 이에 힘입어서 스승에게 일부러 배울 것이 없게 되었다.(『연려실기술』의 「세조조고사본말」)

신숙주는 그밖에 『경국대전』·『세조실록』·『동국통감』·『오례의』 등의 편찬에도 관여했다. 세종 21년 문과에 급제하여 여러 벼슬을 거쳐 좌의정에 이어 영의정에 올랐고 고령부원군에 봉해졌다. 일본 통신사로 다녀오면서 계해조약을 맺어 일본인의 왕래를 공식화했고, 함길도 도체찰사로 북쪽의 야인을 토벌하기도 했다.

집현전 학사로 있을 때 세종과 문종으로부터 어린 왕자를 보필해 달라는 부탁을 받았다. 이런 부탁을 받은 신하를 고

명지신(顧命之臣)이라고 하는데 무거운 책임도 따랐지만 큰 영광으로 여겼다. 그때 함께 문종의 사랑과 부탁을 맡은 성삼문·박팽년(朴彭年)·이개(李塏) 등 사육신은 단종의 복위를 꾀하다 발각이 되어 참혹한 죽음을 맞았다. 그러나 신숙주는 세조 편에 서서 이들 사육신의 고문에 관여했다.

세조가 대군으로 있을 때 그를 따라 서장관으로 옌징에 다녀오면서 둘이 친해진 것이 사육신과 다른 길을 걷게 된 한 이유가 되었다고 한다. 아무튼 이 일로 조선시대 선비사회에서 변절자로 비난을 받았다. 당시 선비사회는 물론 일반인들도 여름철 쉽게 상한 녹두 나물을 '숙주나물'이라 일컬을 정도로 세간의 비난이 따랐다. 반면에 그의 문화사적 업적을 높이 평가한다.

신숙주는 분명히 우리의 역사에서 문화적 업적을 남겼다. 업적보다 절의가 중한지의 문제는 방법과 목적과의 관계처럼 미묘한 것이기는 하지만 그 미묘함이 신숙주에게는 맞지 않는다는 말이다. 신숙주는 역사의 흐름에 떠밀려갔을 뿐, 그 자신의 손을 더럽히지는 않았다.

또한 그가 비난받기에는 너무나 인간적이었고 깨끗한 벼슬아치였다. 그의 행적은 보통 사람이면 아무렇지 않게 넘어갔을 정도의 것이었지만 그가 뛰어난 학자요 또 세종·문종의 충신이었기에 따르는 유명세라고 보아야 할 것이다. 그가 생육신처럼 초야에 묻혀 지냈더라면 그가 역사에 얼마만한 업적을 남겼을까? 왕위를 차지하기 위해 사람을 많이 죽인 세조 밑에서 신하노릇했다는 것만으로 신숙주를 비난해서는 위의 여러 사정으로 보아 온당치 못하다.

여담으로, 그가 살아 남았기에 우리 역사 속의 두 거인이 그의 자손들에서 태어났다. 독립투사인 예관 신규식과 민족사가인 단재 신채호가 그들이다.*

▌ 출생·소년기에 일제침략 시작돼

우리나라 항일구국운동에 신규식 일가처럼 문중이 나서서 개화·독립운동에 헌신한 경우는 흔치 않았다. 충북 청주지역을 근거지로 하여 고령신씨 문중에서는 10여 명이 독립운동 유공자로 인정되어 포상을 받았다. 전국적으로 매우 드문 사례이다.

---

* 이이화, 「신숙주」, 『인물 한국사』, 한길사, 1988, 32쪽.

산동신씨(山東申氏)라고도 불리는 이들 문중은 신규식을 비롯하여 신채호(申采浩)·신백우(申伯雨)·신건식(申健植, 일명 申桓)·신순호(申順浩)·신형식(申亨植)·신홍식(申洪植) 등이 각기 건국훈장 대통령장·독립장을 비롯하여 대통령표창·건국포장 등을 받았다. 사실상 가문이 집단적으로 다양한 독립운동에 투신한 사실을 엿볼 수 있는 대목이다.

하나같이 독립운동에 크게 기여하신 분들이다. 그렇다고 독립운동가만 있었던 것은 아니다. 한말 내부·법부·학부대신 등을 거쳐 참정에까지 이른 신기선(申箕善, 1851~1909)은 친일파가 되고, 신채호에게서 '일본의 큰 중노'란 비판을 들어야 했다.

중앙무대를 중심으로 활동하던 그의 가문이 낙향하여 충청도 청주에 정착한 것은 8대조인 신숙주의 다섯째 아들인 소안공 준(昭安公 晙)의 증손인 석회(碩淮)가 낙향한 후였다. 사실 이들보다 먼저 청주지역에 내려와 있던 이는 신숙주의 일곱째 아들, 동(洞)의 아들인 신광윤((申光潤)이었다. 그가 갑자사화(甲子士禍)의 연루를 피해 청주지역으로 입향한 것이 시초였다고 한다. 석회가 입향한 뒤 보한재의 여섯째 아들 계열도 이곳으로 낙향하니 이 지역에 고령신씨의 문중촌을 이루게 되었다.*

신규식이 7세 때인 1887년 아버지가 중앙정계에 진출하며 의금부 도사에 이어 중추원 의관을 역임했으며 형 정식(廷植)도 탁지부 재무관·회계국장·참서관·국내부시종·덕천군수 등을 지냈다. 이로써 경제적으로 윤택하여 상당한 규모의 토지를 소유한 지주였으나 춘궁기에 이웃에 많이 베풀어 인정 많은 양반으로 알려졌다.

중국으로 망명했을 때 신규식을 보필하며 독립운동을 함께 하고, 뒷날 그의 사위가 된 석린(石麟) 민필호(閔弼鎬)는 짧지만 정확한 『예관 신규식선생 전기』를 지었다. 어릴 때의 한 대목이다.

> 선천적으로 훌륭한 혈통을 타고나신 선생은 더욱이 충청의 산천의 뛰어난 영기를 얻어서 어려서부터 유난히 영특하고 총명했다. 3세 때 벌써 글자를 깨쳐 알았고, 가숙(家塾)에 들어가 한문을 학습하여 사서오경을 독파하고 글과 시를 지어 그 뛰어남을 발휘하니, 어른 이라 해도 미치지 못하는 바 있어 일시에 온 동리에 신동이라 이름 이 퍼졌다.**

---

* 강영심, 『신규식의 생애와 독립운동』, 독립기념관 한국독립운동사연구소, 1992, 18쪽.
** 예관신규식전집편찬위원회, 『예관 신규식전집』 ①, 2020, 302쪽. 이후 『전 집』 ① ②로 표기.

가정적으로는 좋은 가문에 태어났지만 그의 출생과 성장 시기는 국내외적으로 폭풍우가 밀려오는 격동기였다. 태어나기 2년 전인 1876년 2월 일본은 구로다 기요타카(黑田淸隆)가 8척의 군함과 600여 명의 병력을 이끌고 들어와 강압적으로 강화도조약(일명 병자수호조약)을 맺었다.

이로써 청나라의 종주권을 부정해 조선의 침략을 쉽게 하려는 목적과 함께 부산 외에 두 항구를 개항하여 일본인의 통상 활동과 조선 연해의 자유로운 측량을 가능케 함으로써 정치·군사 면에서 거점을 마련하였다. 임진왜란 7년 전쟁으로 1597년 일본군이 퇴각한 지 279년 만에 다시 군사위협으로 조약을 맺고 이 땅에 다시 거점을 마련한 셈이다.

신규식의 운명은 철저하게 일본의 침략과 관련되어, 활동하고 투쟁하다가 젊은 나이에 이역에서 생을 마감하게 되었다. 일본은 이어서 1882년 제물포조약으로 일본군이 영사관 보호 명목으로 서울에 상주하게 되었으며 일본의 경제침투가 더욱 가속화되었다. 일본은 친일파를 육성하는 한편 침략의 통로를 확장하는데 혈안이었다.

시국은 날로 악화되었다. 일본 뿐만 아니라 서구열강도 조선에서 '이권쟁탈전'에 뛰어들었다. 갑신정변이 3일 천하로 무너졌으며 영국군이 불법적으로 거문도를 점령하고, 전국

곳곳에서 농민운동이 일어나는 사회적으로 매우 어수선한 분위기였다. 마침내 1894년 1월 전라도 고부에서 전봉준(全琫準, 1855~1895)·김개남(金開南, 1853~1895) 등을 중심으로 동학농민혁명이 발발하였다.

산동 3재(왼쪽부터 신채호, 신석우, 신규식)

이즈음 신규식은 15세의 나이로 그동안 학문에 열중하여 단재 신채호·경부 신백우와 더불어 '산동삼재(山東三才)'로 널리 알려졌다. 어려서부터 영특하고 총명한데다 경제적으로 생활이 넉넉한 편이어서 가숙에 들어가 『사서오경』을 독파하고 시문을 지어 그 우수성을 발휘하였다.

　하지만 '산동삼재'의 소년들이 시문(詩文)에만 전념하고 있기에는 나라 사정이 날로 험악해져 가고 있었다. 어느 시대나 정의로운 젊은이들은 있게 마련으로 소년 신규식도 그 중의 하나였다. 소년의 꿈을 빼앗아 간 일본에 대한 적개심이 점점 불타올랐다. 시국에 민감한 반응을 보이던 예관은 중대한 결심을 단행한다.

제2장

사회의식에 눈 뜨고

■ 15세 때 '동년군'을 조직, 17세에 혼인

신규식은 성장기에 남다른 바가 많았다. 당시 아동들처럼 전통적인 한학을 배우면서도 시국(社會)에 많은 관심을 보였다. "1884년 동학농민혁명이 발발하고 고향과 가까운 보은 등지에서 활발하게 일어나자 예관은 15세의 어린 나이에도 불구하고 동숙(同塾)의 학우들과 동년군(同年軍)을 조직하여 무덕(武德)을 제창하면서 항일의식을 키웠다."* 곧 상무정신의 중요성을 일찍부터 깨달았다.

---

* 신승하, 「예관 신규식」, 『독립운동가 열전(4)』, 한국일보사, 1989, 53쪽.

15세 소년에게 역사의식 나아가서 일본에 대한 반감을 갖게 한 결정적인 계기는 바로 동학혁명이었다. 특히 그에게 가장 큰 충격을 주었던 사건은 청주성과 관련해서가 아니었나 싶다. 인근 지역이라 소식을 훤히 들었을 터이다.

  동학군 지도자 김개남이 청주성을 공격한 것은 11월 13일 새벽이다. 남원을 출발할 때 8천 명이던 김개남의 부대는 전주성을 거쳐 청주성까지 오는 도중에서 계속 농민군이 합류하여 2만여 명에 이르렀다. 회덕과 문의 일대에 남아 지역을 방비하던 북접 동학농민군도 합세하여 최소 2만 5천 명에 달하는 거대한 세력을 형성하였다. 김개남은 강사원·안귀복·이수희 등을 앞장서게 하여 청주성 공격에 나섰으나, 제대로 싸워보지도 못하고 패배하고 말았다. 강력한 일본군의 화력과 작전 역량 때문에 수적인 우위에도 불구하고 철저하게 패배한 것이다. 김개남 등 농민군 지도부는 일본군이 이미 청주성에 들어와 있는 사실을 알지 못하였다. 정보력 부재를 절감하는 뼈아픈 순간을 맞았다.

  일본군과 조선군 교도중대는 순무영의 첩보를 접하였지만 그보다는 우금치전투 상황이 급선무라고 보고 그쪽으로 향하기로 결정하여 움직였다. 그러나 어찌 된 일인지 농민군이 청주성을 공격하기 전날인 12월 8일(음력 11월 12일)에 청주성에 일본군 1개 소대 병력이 들어왔다. 이들은 일본군 군로실측대의 호위 임무를 맡은 후비보병 제19대대 소속 1개 소대 병력으로, 구와하라 에이지로(桑原榮次郎) 소위의 지휘하에 그 전날(12월 7일) 문의에서 일군의 동학농민군과 전투를 치르고 대규모 농민군이 청주성으로 향한다는 사실을 포착하여 한 발 앞서서 청주성으로 들어왔다.*

소년은 우리 편(동학군)이 청주성을 빼앗지 못하고 일본군에 점령된 것에 분개하고 친구들과 '동년군'을 결성하여 훈련을 하는 등 항일의식을 키웠다. 그럴 즈음(1895년 8월) 명성황후가 일본공사관 수비대와 낭인들에게 살해되고 시신이 불태워졌다. 이 사건 역시 젊은 신규식에게는 충격과 분노를 불러일으키기에 충분했다.

마침내 선생은 왜구를 배척하라는 격문과 사악함을 반박하는 글들을 지으시고, 사람들의 정신을 일깨워서 왜구를 철저히 배척하기 이르렀다. 한편 같이 학문을 배운 벗들과 더불어 동년군을 조직하여 밤낮으로 조련하며 힘을 기를 것을 제창했다. 후에 간교한 도적 무리들이 정찰하여 당국에 밀고함으로 선생이 여러 번 체포되었지만 끝내 굽히지 않으셨

---

* 김삼웅, 『개남, 새 세상을 열다』, 모시는 사람들, 2020, 276~277쪽.

다.*

　소년 신규식의 생애에 또 하나의 전환점이 된 것은 1894년 부터 시작된 갑오개혁(갑오경장)이다. 일본군은 동학농민혁명 진압을 명분으로 들어왔다가 전주화약(全州和約) 후 주둔할 구실이 없어지자 조선 정부에 내정개혁을 압박했다. 이에 정 부는 자체적인 개혁에 나선 것이 이른바 갑오개혁이다.

　갑오개혁의 주요 내용은 관제를 개혁하여 왕실과 국정을 분리하고 국왕의 인사·재정·군사권을 축소했다. 또 과거제 를 폐지하여 신분을 가리지 않는 인재등용, 사법권의 독립, 연좌제 폐지, 은본위제로 화폐제도 정비, 도량형 통일, 조세 의 금납화, 노비제도의 폐지와 인신 매매 금지, 과부의 재혼 자유, 남녀 조혼 금지, 중앙 정부 기구와 지방 행정 조직의 정 비, 유교 본위의 교육을 대신할 근대적 학교 제도의 실시 등 이 이루어졌다.

　갑오개혁의 내용 중에는 신분 타파와 과부의 재가처럼 동 학군의 요구 사항과 일치하고 있는 부분도 있으나, 동학군의 요구 중 가장 중요한 사항이었던 토지의 분배는 전혀 논의되 지 않는 등 봉건지주를 비롯한 지배층을 중심으로 한 개혁의

---

* 　민필호, 『예관 신규식 선생 전기』, 『전집』 ①, 302쪽.

한계를 드러냈다. 다양한 법령이 제정되었으나 본질은 지배층 기득권 강화라는 측면에서 크게 벗어나지 않았다.

조선 양반가 자제들의 궁극적인 목표는 과거에 급제하여 관직에 나아가는 일이었다. 이들의 등용문인 과거제가 폐지되고 말았다. 새로운 길을 모색해야만 하는 냉엄한 현실에 직면했다. 신규식도 다르지 않았다.

부인 조정완 여사

17세가 된 1896년 봄 향리에서 경기도 명문가인 한양조씨 규수 조정완(趙貞完)과 혼인하였다. 장인은 군수를 지낸 조종만(趙鍾萬)이었다. 신부는 남편이 혼인한 후 3개월 만에 신학문을 공부하고자 서울로 떠나고, 얼마 뒤 중국으로 망명함으로써 길고 긴 별거의 세월을 홀로 살아야 했다. 삼종지도(三從之道)를 절대적인 가치관으로 인식한 당대 부녀자들의 일반적인 삶이었다.

당시 선비들은 아내에 관해 별로 기록을 남기지 않았다. 이를 미덕처럼 여기는 풍조이자 분위기였다. 그래서였을까, 신규식의 부인에 대한 기록도 역시 찾아보기 어렵다. 그나마

민석린이 지은 책에 「신공(申公) 부인 조정완 여사 유상(遺像)」
이란 글과 사진이 남아 있다. 글의 앞 부문이다.

부인 조씨는 경기(京畿)의 명문가 규수이다. 시운이 좋지 않은 때에
태어났으니 바로 나라가 다난했던 가을이었다. 결혼 후 겨우 삼
개월 만에 부군은 집을 떠나 서울로 가서 국사(國事)로 분주했다.
오래지 않아 일본인에 의해 한국 군대가 해산되자, 부군은 의분이
차올라 의병을 조직하여 수개월 동안 생사를 넘나들고 위험을 무
릅쓰며 분투하였고, 불행히도 의병 일이 실패하자 중국으로 망명
하였다.
부인은 고향에서 고생을 참고 견디며 십수 년 동안 외롭고 가난한
생활을 보내다가, 서기 1919년 장녀가 출가한다는 명목을 빌려 비
밀리에 상해로 건너가서 비로소 부군과 다시 만날 수 있게 되었다.
연이어 삼년 동안 경제적인 곤란으로 온갖 고통을 겪었지만, 결코
원망의 말이 없이 오히려 평상시처럼 태연자약하게 처신하였다.
평상시의 부인을 종합하여 보자면, 사람을 대하는 태도가 온화하
고 친절하여 신공(申公)의 혁명사업에 도움이 적지 않았으니, 진실
로 혁명가의 현처(賢妻)로서 손색이 없었다.*

*   신승하, 「예관 신규식」, 『독립운동가 열전(4)』, 40~41쪽.

▌ 관립한어(漢語)학교에 들어가

　과거제도가 폐지되고 일본을 비롯하여 서구 열강의 침투가 시작되면서 내부적으로 새로운 학문과 과학기술을 배워야 한다는 사회적 분위기가 조성되었다. 이에 따라 여기저기에 각급 학교가 설립되었다. 입신양명을 위해서는 학교에 다닐 수밖에 없었다. 이때는 신규식의 아버지와 형님이 서울에서 관직에 있었기에 그의 상경은 자연스러운 일이었다. 다만 갓 결혼한 신부와 함께 하지 못한 것이 괴로웠지만, 당시만 해도 서울 유학에 부인을 동반하는 사례는 거의 없었다.

　당시 나라의 독립을 지키고 자주적 근대화를 실현하기 위한 최급무의 하나는 민족문화 유산을 계승하면서 지식을 가르치기 위한 새로운 근대교육을 시작하는 일이었다. 이 신지식의 교육을 담당하는 곳이 바로 근대적인 교육기관이었다. 19세기 후반 선각자들에 의해 근대학교의 역할과 비중은 그 어느 시대보다도 가장 크고 중요하였다. 즉 당시 근대학교는 나라의 독립과 발전, 자주와 진보, 자주적 근대화를 가져올 수 있는 동력 기관과 같았다. 하나의 학교 설립은 우리나라를 자주적 근대화의 길로 이끌어 나갈 하나의 엔진을 만드는 것으로 인식하였다.* 관·공립학교를 비롯하여 각종 사립학교가 설립된 역사적인 배경은 이러한 변화 속에서 이루어졌다. 학교가 배움터이자 정보 교류를 위한 공론장이나 마찬가지였다. 부국강병(富國强兵)을 위한 시무책으로 근대교육이 확산되기에 이르렀다.

서울에 올라온 신규식은 관립한어학교(官立漢語學校, 일명 한성한어학교)에 입학하였다. 이 학교는 정부가 1891년 설립하였다. 청일전쟁으로 폐교되었다가 1897년 5월에 다시 문을 열었다.** 그가 각종 학교 중에 관립외국어학교를 택하고, 비교적 취업이 쉬운 영어·불어학교가 아닌 한어(중국어)를 택한 것은 다소 의외의 선택이었다. 이 학교는 견지동에 있었고 학비는 무료, 수업기간은 3년, 졸업을 하면 관리 임용의 수령장이 수여되었다. 한어는 중국인이 맡아서 가르쳤다.

그가 한어학교를 택하였던 것은 예관이 양반(儒家) 출신으로서 이미 한학의 기초가 쌓여 있었다는 이점과 또 관리로 임용된다고 해도 다른 학교 졸업자들보다 보수적인 관직에 갈 수 있다는 계산이 있었기 때문이었다고 이해된다. 만약에

---

* 신용하, 『한국근대사와 사회변동』, 문학과 지성사, 1980, 43쪽.
** 이광숙, 「대한제국의 한어학교에 관한 연구」, 『교육연구와 실천』 77, 서울대학교 교육종합연구원, 2011.

서구의 언어를 배운다면 당장의 현실적인 이득은 있었겠지만, 가문전통 -양반유가로서의 —으로 본다면 스스로 전통을 단절하는 행동이 된다고 느꼈을 것이기 때문이다.

그러나 이미 개화해야 한다는 인식으로 전환한 상태에서, 또한 문중의 염원이 환로진출을 위해서는 통과해야 할 절차였기 때문에, 향리의 학습과정에서 이미 익숙해 있던 한학을 바탕으로 하는 한어학교에 입학하기로 결정했던 것으로 보아야 한다.*

그가 당시 별로 인기가 없는 관립한어학교에 들어간 것은 뒷날 중국으로 망명하여 유창한 중국어(한어)를 통해 쑨원을 비롯한 그곳 혁명지도자들과 교유하는데 유용하게 활용되었다. 이와 같은 미래의 원대한 목표를 갖고 한어학과에 지망한 것인지는 헤아릴 수 없으나, 신식학교에서 한어뿐만 아니라 신학문을 두루 배울 수 있었다.

다음으로 주목되는 것은 예관이 전통적 신분관에서 벗어나고 있었다는 점이다. 종래의 신분관으로 본다면 한어학교는(역관) 중인층을 양성하는 곳이었다. 아무리 환로지향적(宦路指向的)인 문중 출신이었다고는 하더라도 예관이 한어학교

---

* 임춘수, 「신규식 · 신채호 등의 산동문중(山東門中) 개화사례」, 『윤병석교수 화갑기념 한국근대사논총』, 지식산업사, 1990, 468쪽.

를 입학하기로 결정한 것은, 이 시기에 어느 정도 양반으로
서의 자기 체질을 극복하고 있었기에 가능한 것이었다고 생
각된다. 한어학교에 입학한 예관은 중국어의 독본·서취·작
문·회화 등과 함께 역사·지리·산술 등의 교과목을 배웠다.
이러한 과목들은 그가 처음 접하는 신학문이었다. 그가 이
학교에서 3년간을 수학했다고 하나 정식으로 졸업한 것은
아닌 듯싶다.*

　그의 성장기는 사회적으로 일종의 과도기였다. 과거급제
를 위한 전통적인 학문체제가 사라지고 이른바 신학문을 가
르치는 각급 학교가 운영됨으로써 문화충격이 대단했다. 그
는 스스로 또는 가문의 영향으로 전래의 신분관에서 벗어나
게 되었다. 누구보다 시대 변화를 절감하는 가운데 스스로
장래를 모색하는 계기로 인식하였다.

　관립한어학교에서 신학문을 배우고 있을 즈음 나라 안팎
에서는 여러 가지 일이 발생하였다. 하나같이 '문화충격'에
가까운 일들이다. 단발령(1895년 11월)과 명성황후 살해사건을
계기로 을미의병이 일어나고, 고종이 러시아공사관으로 이
거하는 아관파천(1896년 2월), 서재필(徐載弼, 1864~1951)에 의해

---

* 임춘수, 「신규식·신채호 등의 산동문중(山東門中) 개화사례」, 『윤병석교수
　화갑기념 한국근대사논총』, 469쪽.

최초의 민간신문인 『독립신문』의 창간(1896년 4월), 이어서 독립협회가 창립되고 만민공동회(萬民共同會)가 개최되었다. 신규식과 신채호는 곧바로 여기에 참여하고 간부직을 맡아 본격적인 사회운동에 뛰어들었다. 새로운 사회질서를 모색하려는 강렬한 의지의 소산이었다. 나아가 외세의존적인 지배층에 대한 통렬한 비판을 통하여 시대 변화에 부응한 정치개혁을 모색하고자 했다.

제3장

민족민권운동 단체에서 활동

■ 최초의 자유민권운동 단체인 독립협회 참여

신규식이 관립한어학교 3년 과정을 마쳤는지는 정확하지
않다. 학교 학감의 부정을 비판하는 동맹 휴학을 주동하여
졸업을 하지 못했다는 것과 1898년 후반에 독립협회와 만민
공동회에 적극 참여하느라 스스로 그만 두었을 것이라고 추
측한다.

그는 역사상 최초로 서재필의 주도로 조직된 자유민권운
동 단체인 독립협회와 근대적인 시민운동의 효시인 만민공
동회에 참여하여 열렬히 활동하였다. 이승훈(李昇薰)·허위(許
蔿) 등 당시 명사들과 나란히 재무부과장 등 부장급 직책을

맡았다. 여기에 참여하면서 종래의 봉건군주체제의 신민(臣民)의식에서 탈피하게 되었다.

예관은 여기서 문중청년인 신흥우·신채호와 뜻을 같이하여 활동하는 한편 후일 함께 국권회복운동에 종사케 되는 나철·이승만·안창호·양전백·이승훈·이동휘·박은식 등과도 친분을 맺게 되었으리라 짐작된다. 만민공동회의 자유민권운동의 참여활동으로 그가 관립한어학교를 정식으로 졸업하여 출사할 수 없게 된 것이 아닐까 싶다.*

그가 종래의 군주제에서 이념적·사상적으로 탈각하게 된 독립협회는 1896년 7월 2일 우리나라 최초의 민간 사회정치단체로 창립되었다. 독립협회는 '독립협회 규칙'을 제정하고 임원을 선출했다. 회장 안경수(安駉壽), 위원장 이완용(李完用), 위원에는 김가진(金嘉鎭)·김종한(金宗漢)·민상호(閔商鎬)·이채연(李采淵)·권재형(權在衡)·현흥택(玄興澤)·이상재(李商在)·이근호(李根澔), 감사원 남궁석(南宮奭)·오세창(吳世昌) 등 10명이 선임되었다. 서재필은 국적이 미국이라 간부나 회원이 되지 않고 고문으로 추대되었다.

독립협회는 첫 사업으로 독립문과 독립관, 독립공원의 건

---

* 강영심, 『신규식의 생애와 독립운동』, 27쪽.

립을 확정하고 각계의 지원과 회원가입을 호소하는 「독립협회 윤고(輪告)」를 채택하였다. 독립협회는 몇 갈래 세력이 연대하여 조직되었다. 온건개화파인 건양협회 세력, 주로 외교계 관료들로 구성된 정동구락부 세력, 이 두 세력에 가담하지 않고 개별적으로 독립개화정책을 지지하던 독립파 관료세력 등이었다. "독립협회는 이상의 3개의 흐름의 세력을 모아서 창립된 것으로 보여진다. 그러나 위의 세 흐름의 세력과 독립협회와의 관계는 창립당시의 발족 위원들에 한정된 것이지 그 이후의 독립협회 조직의 발전과는 별개의 것임을 주의해 둘 필요가 있다."*

독립협회의 목표는 일차적으로 독립문·독립공원·독립관의 건립 등 창립사업에 주력했지만, 기본적으로는 국민계몽·민력조성·민력단합을 통한 자주국권에 의한 근대적인 독립국가의 건설이었다. 이를 위해 민주주의사상, 자강개혁에 의한 문명국가를 세우고자 하는 근대화운동의 추진에 목표를 두었다.

독립협회를 주도한 주요 회원들의 사상적 계보와 인적 계보를 보면 독립협회의 조직이 연합운동이었음을 알 수 있다.

* 신용하, 『독립협회연구』, 일조각, 1976, 84쪽.

이 중에서도 가장 뚜렷한 두 개의 흐름은 ① 서구시민사상을 도입하여 그 영향을 크게 받은 세력이고, ② 다른 하나는 개신유학적 전통을 배경으로 동도서기파에서 한 단계 더 발전한 국내사상의 성장의 흐름이다. 이밖에 위정척사파와 동학과 기독교의 영향도 있으며, 인적 계보로 볼 때에는 신지식층 이외에 시민층·농민층·노동자층 및 해방된 천민층 등이 직접 대표위원으로 선출되어 주도회원이 되기도 하고, 이동휘(李東輝) 등 개화파 무관이 중요한 역할을 하기도 하였다. 그러나 주도회원의 주류를 이루고 있는 것은 당시에 새로이 성장하고 있던 신지식층이며 박은식이 지적한 바와 같이 독립협회는 '유식한 신사의 조직'이었다.*

주요 활동은 ① 애국계몽운동, ② 국권수호운동, ③ 국토수호운동, ④ 국가이권수호운동, ⑤ 인권신장운동, ⑥ 개화내각 수립운동, ⑦ 국민참정권운동, ⑧ 정치개혁운동 등을 꼽을 수 있다. 독립협회는 개화시기의 대표적인 시민사회단체로서 민주공화주의사상을 처음으로 제기하였다.

독립협회가 창립되어 자주독립 정신이 강화되고 있을 때인 1897년 2월 20일 고종이 '아관파천'의 수모를 끝내고 환

___

* 　신용하, 『독립협회연구』, 104~105쪽.

궁하여 같은 해 10월 12일 백성들의 상소에 따르는 형식으로 새로 지은 환구단에 나아가 이른바 '광무개혁'을 선언하였다. 고종은 조선이 청나라의 제후국과 같은 위치에서 벗어나 자주독립국임을 내외에 선포하면서, 국호를 대한제국, 청나라의 연호를 버리고 독자적으로 광무라는 연호를 사용하고, 임금의 칭호도 황제로 격상하는 건원칭제의 칙령을 발표하였다.

광무개혁은 황제권과 자위군대의 강화에 역점을 두었다. 그동안 독립협회에서 줄기차게 주창해온 국가개혁에는 크게 미치지 못한 채 자신의 통치권 강화에만 비중을 둠으로써 시대정신에 따르지 못한다는 비판을 불러왔다.

이즈음에 독립협회는 자주독립국가의 결의를 다지고 위상을 강화하는 상징물로서 독립문을 세우기로 하였다. 이는 독립협회의 주요 목적사업이 되었다. 전통적으로 청국 사신을 영접하던 영은문이 헐린 장소인 서대문구 현저동에 독립문을 세우기로 하여 고종황제의 동의를 받았다. 1896년 11월 21일 정초식을 거행하여 1년 뒤인 1897년 11월 20일 완공을 보았다.

처음에는 프랑스 파리의 개선문을 모방하여 독립문을 짓고자 하였으나 예산과 기술이 이에 미치지 못한 것을 안타까

위하였다. 화강석으로 쌓은 구조물은 중앙에 홍예문이 있고 내부 왼쪽에 정상으로 통하는 돌층계가 있으며, 정상에는 돌 난간이 둘러져 있다.

홍예문의 이맛돌에는 조선왕조의 상징인 이화문장(李花紋章)이 새겨져 있고 그 위의 앞뒤 현판석에는 각각 한글과 한자로 '독립문'이라는 글씨와 그 좌우에 태극기가 새겨져 있다.[*] '독립문'이라는 현판 글씨는 그동안 이완용이 썼다는 주장이었으나 근래에는 당대의 명필이었던 김가진의 작품이라는 주장이 설득력을 얻고 있다.

현존하는 독립문은 사적 제33호로 지정되고, 박정희 정부가 1979년 7월 성산대로 공사를 하면서 원위치에서 서북쪽으로 70m 떨어진 지점으로 옮겨 오늘에 이른다. 독재정권은 자주독립의 상징물인 독립문의 위치까지 옮기는 만용을 서슴지 않았다.

독립문이 건립되었을 때 『독립신문』에는 이를 경축하는 '독자투고'가 실렸다. 백성들이 좋아했던 일면을 보여준다. 내용 중에 '연주문'은 영은문의 별칭이다.

---

* 신용하, 「만민공동회」, 『한국민족문화대백과사전(7)』, 한국정신문화연구원, 62쪽.

양성 김석하 독립문가

우리조선 신민들은 독립가를 들어보오
병자지수 설치하고 자주독립 좋을시고
독립문을 지은후에 독립가를 불러보세
우리조선 신민들은 진충보국 하여보세
우리성주 유덕하여 자주독립 좋을시고
연주문을 쇄파하고 독립문이 높아지네
우리성주 수만세요 우리창생 화합이라
오백년래 좋은일은 독립문이 좋을시고.*

독립협회는 한 때 회원이 2,000여 명을 돌파하였으며 여러 지역에 지회를 설치할 만큼 세력이 확대되었다. 대표적인 경우는 인천이다. 인천 기독교인 복정채는 독립협회 후원과 아울러 그의 시국관을 『독립신문』에 투고했다. 주요 논지는 충군애국과 자주독립에 대한 강렬한 의지 표현이었다. 내리교회 신도 김기범(金箕範)은 '경축가'와 '애국가' 등에서 민권의식과 국가의식을 나타내었다.

봉축하세 봉축하세 아국태평 봉축하세
꽃피어라 꽃피어라 우리명산 꽃피어라
열매열라 열매열라 부국강병 열매열라

---

* 『독립신문』 1896년 7월 16일자.

진력하세 진력하세 사농공상 진력하세
영화롭다 영화롭다 우리만민 영화롭다
만세만세 만만세는 대군주폐하 만만세
즐겁도다 즐겁도다 독립자주 즐겁도다
향기롭다 향기롭다 우리국가 향기롭다
열심하세 열심하세 충군애국 열심하세
빛나도다 빛나도다 우리국기 빛나도다
높으시다 높으시다 우리임금 높으시다
장성한 기운으로 세계에 유명하여
천하각국 넘볼세라.*

　이 노래는 고종의 탄신일을 맞아 축하와 아울러 독립국
가 염원을 기도하면서 불렸다. '충심애군, 문명진보, 자주독
립, 국태민안, 부국강병' 등은 주제어였다. 냉대와 멸시를 받
는 벙어리조차도 의연금 대열에 동참할 정도로 국가의식은
충만되고 있었다. 이는 새로움과 미래에 대한 민중의 갈망이
어느 정도인지를 분명하게 보여주었다.

　만민공동회를 통한 민중운동이 확산되는 가운데 개항장
인천에 최초의 계몽단체가 탄생했다. 1898년 6월 9일 조직
된 박문협회(博文協會)이다.** 명칭은 『논어』 '안연(顔淵)'편의

---

* 『독립신문』 1896년 9월 17일 광고.
** 김형목, 「계몽운동과 국채보상운동」, 『인천항일독립운동사』 상, 인천광역시
　사편찬위원회, 2021, 182～187쪽.

박학어문 약지이례(博學於文 約之以禮)라는 의미에서 나왔다. 곧 인문학을 널리 배우고 예의 규범을 몸에 익혀서 공동체를 위해 조금이라도 혼란하지 않는다는 의미이다. 이 단체는 독립협회 자매단체이자 지회로서 '자기역할'에 충실을 기하려고 노력했다.

창립 직후 회원은 130여 명에 달할 만큼 처음부터 대단한 호응을 받았다. 우선적인 과제는 신교육 보급을 통한 민지 계발과 모순된 현실을 타파하는 데에 중점을 두었다. 이에 회관 내에 관보·신문, 시무상에 유익한 서적을 두루 완비하는 등 시세 변화에 적극적으로 부응했다. 회원들은 날마다 모여 연설과 토론을 통하여 지식과 신학문 등에 관한 정보를 교환하였다. 매주 일요일에는 통상회를 개최하여 주민들에게 일상에서 일어나는 시대변화상을 일깨웠다. 회관은 단순한 집회장소 차원을 넘어 지식과 정보를 제공하는 근대적인 도서관으로 기능했다.* 이는 지식이 '정보'로서 중요한 가치를 지닌 당시 상황을 잘 보여준다. 주민들은 열성적인 참여와 아울러 지원을 마다하지 않았다.

---

* 『매일신문』1898년 6월 25일 잡보, 7월 4일과 6일 잡보「박문협회 회원의 연설」, 7월 25일 잡보「회원위싱」.

조선의 정세는 거듭되는 외우내환으로 날로 고빗길로 치달았다. 청일전쟁에서 패한 청국의 영향력은 크게 줄어들었으나 러시아와 일본이 조선이라는 먹잇감을 놓고 대결하고, 국내적으로는 종주국을 바꿔가면서 사대 기득권을 놓지 않으려는 수구파와 현상타파를 통해 자주적인 독립국가를 세우려는 개혁진보파 사이에 치열한 각축전이 벌어졌다.

고종은 대한제국을 선포했으나 여전히 친러파가 국정을 농단하고, 이를 비판하는 독립협회를 견제하기 시작했다. 고종은 한 때 독립협회를 옹호하는 듯했으나 『독립신문』과 독립협회가 러시아의 이권 침탈과 이에 놀아난 친러파 대신들을 비판하면서부터 적대의식으로 바뀌어갔다.

독립협회는 러시아 공사 스페이에르(Alexis de Speyer, 士貝耶)가 부산의 절영도(현 영도)조차를 거듭 요구하자 1898년 2월 27일 간부회의를 열어 이를 격렬하게 성토하고, 또한 일본에 조차된 석탄고기지를 회수할 것을 요구하는 등 국권수호를 위한 민중운동을 벌이기 시작하였다.

이해 3월 10일 서울시민 1만여 명이 종로에 모였다. 서울

시민의 17분의 1에 해당하는 사람들이 자발적으로 참여한 것이다. 2016~2017년 박근혜의 부패와 수구세력의 국정농단을 성토하고자 광화문에 연일 100만 명의 시민이 모인 촛불혁명보다 100년도 더 지난 시절의 일이다.

우리나라에서 민란이나 혁명이 아닌 평시에 서울 중심가에 시민 1만여 명이 모인 것은 사상 초유의 일이었다. 그것도 토론을 하거나 듣기 위해서 자발적으로 모인 시민집회였다. 만민공동회는 쌀장수 현덕호를 회장으로 선출한 데 이어 다수의 시민들이 연단에 올라 러시아의 이권 침탈정책을 규탄하면서, 정부에 나라의 자주독립을 지키기 위해 러시아의 군사교관과 재정고문의 퇴거를 요구하여 박수갈채를 받았다.

독립협회와 만민공동회는 밖으로는 열강의 침략과 이권 침탈을 막아내고 안으로는 국정개혁을 통해 자주적인 독립국가를 세우고자 하는 여러 가지 개혁안을 제시하고 토론하였다. 주요 내용은 다음과 같다.

첫째, 그들은 중추원을 의회로 개편하여 입법기관으로서의 의회를 개설하고 이를 통하여 민의가 언제나 국정에 반영되는 체제를 수립하여야 한다고 생각하였다.
둘째, 그들은 개혁파관료를 중심으로 한 강력한 자강개혁 내각을 수립하여 이 새 내각이 적극적으로 자강개혁정책을 시행하여야 한다고 생각하였다. (…) 의회를 통하여 국민이 자기의 의사를 충분히 국정에 반영시킬 수 있으면 정부와 국민이 서로 신뢰하고 단결하여 안으로는 자강을 실현하고 밖으로는 외세의 침략을 막아 자주독립을 지킬 수 있다고 보았다.

셋째, 그들은 이를 위해서 관민이 합석하여 국정개혁의 대원칙을 민중의 의사에 따라 결정하고, 자강개혁내각으로부터 이 대원칙의 실천을 약속받아 보장시킨 다음 민중도 일치단결하여 이 자강개혁을 지지하고 일정기간 동안 관민이 대동단결하여 열강의 침략으로부터 나라의 자주독립을 지킬 실력을 길러야 한다고 생각하였다.*

민심을 얻은 만민공동회는 독립협회의 결정에 따른 정기적인 집회(매주 토요일)와는 별도로 민중들이 스스로 여기저기서 집회를 열어 국가현안을 토론하고 외세의 침탈을 배격하면서 각종 탐관오리들의 수탈을 폭로하였다. 이렇듯 민력(民力)이 강화되어가자 러시아는 물론 친러 대신들과 고종황제, 한때 우호적이던 일본까지 독립협회와 만민공동회의 활동을 혐오하기 시작했다. 다음은 주한일본공사관의 기록이다.

독립파의 목적은 견고한 정부를 형성하여 비정을 개혁하려고 하는데 있다. 그러나 지금과 같이 궁정의 질서가 혼란하고 군권(君權) 남용의 폐행이 많음에 당하여서는 도저히 목적을 관철할 수 없

---

* 신용하, 『독립협회연구』, 378~379쪽.

다고 보고, 먼저 현임대신을 배척하여 연소유위(年少有爲)의 인재를
거하여 신정부를 조직함과 동시에, 중추원관제를 개혁하여 여기
에 참정권을 주어서 정부와 서로 연합하여 정부의 지위를 견고히
하고, 상폐하(황제)에 대하여 강경한 태도를 집하여 그 군권을 억제
하고 비정의 혁파를 여행하려고 하는 데 있는 것 같다.*

일본은 장차 대한제국을 침략하여 속방화하려는 것이 목
적인데, 조선이 근대적 입헌공화제 국가로 발전하려는 주장
이 크게 못마땅했다. 『독립신문』과 독립협회, 만민공동회의
활동이 강화되어가면서 러시아와 친러 대신 그리고 고종과
일본정부가 서재필의 존재에 대해 못마땅해 하고 제거의 대
상으로 꼽았다. 조선사회의 모든 개혁활동의 중심에 서재필
이 작용하고, 그에 의해 운영되고 움직인다고 판단한 것이
다. 그래서 관가에서는 공공연하게 서재필의 추방 소식이 나
돌았다.

이 시기에 독립협회와 만민공동회가 전개한 주요 활동이
다. ① 서재필 추방 반대운동, ② 생명과 재산의 자유권 수호
운동, ③ 탐관오리의 규탄, ④ 러시아의 목포·진남포 항구매
도 요구 반대, ⑤ 프랑스의 광산이권 요구 반대, ⑥ 정부의 해

---

* 『주한일본공사관기록』, 1898년(명치 31년) 11월 8일조(독립협회 대신배척 관
  련 상보).

외 각종 이권 양여의 조사, ⑦ 무관학교 학생선발 부정 비판, ⑧ 의사양성학교 설립 주장, ⑨ 의병에 피살된 일본인에 대한 일본의 배상요구 저지와 이권요구 반대, ⑩ 황실호위 외인부대 창설 저지, ⑪ 노륙법 및 연좌법 부활 저지, ⑫ 7대신 규탄과 개혁내각 수립, ⑬ 민족상권 수호운동, ⑭ 언론과 집회의 자유권 수호운동, ⑮ 의회설립 운동 등이다.

만민공동회의 영향과 반향은 적지 않았다. 무엇보다 4천년 동안 억눌리고 착취의 대상이었던 피지배 서민들이 당당하게 자기의 주장을 피력하면서, 권세가들을 드러내놓고 비판할 수 있는 광장을 마련하였다. 그리고 일방적인 지시 ― 추종의 질서가 토론문화로 바뀌어 갔다. 정부는 한 때 엄청난 군중의 힘에 압도되어 고종이 돈례문까지 나와 만민공동회 대표에게 대정부 제안의 일부를 수용하겠다는 약조까지 하기에 이르렀다.

사회적으로 가장 주목할 부분은 백정 박성춘(朴成春)의 만민공동회 연사로서 등장이었다. 백정은 인간이 아니라 '짐승'과 같은 존재로서 천대를 받던 현실에서 파격적인 변화였다. 박성춘 등장은 민중의 정치참여 의식을 획기적으로 이끄는 역사적인 현장이었다. 이와 더불어 외세배격 투쟁으로 러시아 고문관들은 친러세력 쇠퇴와 더불어 이 땅에서 물러갔다.

■ 의회설립운동, 정부의 탄압으로 좌절

고종을 일러 '개명군주'라는 학자들이 있다. 인물 평가는 생애 전체를 두고 시비곡직을 가려서 종합판단하는 것이 옳다. 고종이 독립협회 그리고 만민공동회의 요청을 받아들여 최소한 입헌군주제라도 수용하였다면, 청·러·일의 차례로 뒤바뀌는 열강의 침략으로부터 국치를 면하였을 지도 모른다. 고종은 초기에는 대원군, 나중에는 민비와 친러파, 종국에는 친일파 대신들에게 휘말려 끝내 국권을 상실한 망국군주라는 오명을 받게 되었다. 고종은 독립협회와 만민공동회를 배척하면서 오로지 왕권유지에만 권력을 쏟았다.

고종은 독립협회를 대신하여 자신의 의지를 관철시킬 친위 조직의 필요성을 강하게 느끼기 시작했다. 그것은 1898년 6월 30일 황국협회(皇國協會)의 결성으로 현실화되었다. 황국협회는 이기동(李基東)·고영근(高永根)·길영수(吉永洙) 등 황실 측근 세력이 주도했지만, 몇 해 전에 고종의 밀명을 받아 김옥균(金玉均)을 암살했던 홍종우(洪鍾宇)가 협회의 이념과 정책 방향을 이론적으로 뒷받침했다.

황국협회의 행동대원은 황실의 지원을 받은 상무사의 보

부상들이었다. 이들 세력 가운데 몇몇은 권력욕으로 황국협회와 독립협회를 오가며 활동했지만, 대부분은 확고부동한 고종의 친위대로서 얼마 후 벌어질 만민공동회를 무력으로 진압하는 데 앞장서게 된다.* 민심을 얻지 못한 수구세력은 음모와 술책으로 기득권을 유지하려 든다. 독립협회와 만민공동회가 시세와 민심을 타고 국정개혁의 동력으로 작용하자 수구세력은 정치적 위기감을 갖게 되었다. 그리고 음모를 꾸민다.

독립협회의 운동이 1898년 10월 12일 박정양(朴定陽)·민영환(閔泳煥)을 중심으로 한 개혁파 정부를 수립하는 데 성공하자 개화파들은 이 신정부를 지지하고 신정부와 협의하에 중추원을 개편하여 근대적 의회를 설립하기로 합의한 후 의회 설립안을 정부에 제출하였다.

개혁파 정부도 이를 받아들여 11월 5일 한국사상 최초의 의회를 개원하기로 하고, 중추원신관제(의회설립법)를 공포하였다. 또한 개혁파들은 그들의 체제를 굳히는 작업의 일환으로 10월 28일 - 11월 2일까지 6일간 종로에서 관민공동회를 개최하여 개혁파 정부와 독립협회 등 애국적 시민과 새로 개

---

* 이황직, 『독립협회, 토론공화국을 꿈꾸다』, 프로네시스, 2007, 105쪽.

설될 '의회'가 단결하여 자주적 개혁정책을 실현할 결의를 다짐하였다.

개혁파 정부는 의회설립 하루 전인 11월 4일 밤에 붕괴되었다. 친러수구파들이 의회가 설립되어 개혁파 정부와 연합하면 자신들은 영원히 정권에서 배제될 것이라고 판단하고, 독립협회 등이 의회를 설립하여 전제군주제를 입헌군주제로 개혁하려는 것이 아니라 박정양을 대통령, 윤치호를 부통령, 이상재를 내부대신 등으로 한 공화정으로 국체를 바꾸려는 것이라는 내용의 익명서(비밀삐라)를 뿌려 모략전술을 썼기 때문이다. 황제가 폐위된다는 모략 보고에 놀란 고종은 11월 4일 밤부터 5일 새벽에 독립협회 간부들을 체포하고, 다시 조명식을 내각수반으로 한 친러수구파 정권을 조직하였다.*

1519년(조선 중종 14) 대사헌이 된 조광조(趙光祖, 1482~1519)가 사림 세력을 중심으로 하여, 일부 공신들이 지나치게 차지한 토지를 회수하여 국가재정을 튼튼히 하고, 각종 적폐를 척결하면서 개혁을 시도하자 훈구파들이 움직였다. 이들은 궁중의 나뭇잎에 꿀로 '주초위왕(走肖爲王)' 즉 "조씨가 왕이 된다"라는 글자를 쓴 다음 벌레가 파 먹은 나뭇잎을 왕에게 바쳐

* 신용하, 「만민공동회」, 『한국민족문화대백과사전(7)』, 620~621쪽.

중종으로 하여금 조광조를 위시로 사림파를 제거했던 수법과 유사한 모략극이었다.

나뭇잎 대신에 날조한 삐라를 살포하는 선진성에서 달랐다면 달랐다고 하겠다. 조선왕조는 조광조의 개혁기회를 놓치고 얼마 후 임진왜란을 겪었고, 대한제국은 7년 후 을사늑변과 12년 후 경술국치로 이어졌다. "개혁의 기회를 놓치면 역사는 보복한다"는 말은 시공을 초월한다.

12월 24일 친러수구파 정권이 '관변단체'인 황국협회와 보부상들을 끌어들여 만민공동회장에 난입시켜 회원들을 폭행하고, 고종이 군대를 동원하여 보부상과 합동작전으로 독립협회와 만민공동회 간부들을 폭행·검거하였다.

고종은 12월 25일 11가지 죄목을 들어 이들 두 단체를 불법화시키고 해체령을 포고하였다. 430여 명의 간부들이 체포되어 혹독한 고문을 당하였다. 신규식도 이때 체포되어 곤경을 치렀다. 독립협회와 만민공동회는 짧은 기간의 활동과 비극적 종말을 맞았지만, 이후 의병운동, 독립운동, 민주공화제 수립운동으로 이어지는 역사의 정맥으로 위치를 자리매김하였다. 신규식은 만민공동회 활동을 통해 '근대'의 세례를 받게 되었다.

제4장

육군무관학교 졸업 후 교육사업

■ 육군무관학교에 입학하고

청년시절 그의 행보는 대단히 파격적이었다. 관립한어학교에 들어간 것, 독립협회와 만민공동회 참여 등이 그러하다. 이번에도 다르지 않았다. 만민공동회 활동으로 구속되었다가 풀려나서 육군무관학교에 입학하였다. 22세가 되는 1900년 9월이다.

육군무관학교는 1896년(건양원년) 정월에 그 관제가 반포되어 설치되었다. 이때는 아관파천으로 러시아의 간섭이 심할 때였으므로 러시아식 군제가 도입되어 초급장교 교육이 실시되었다. 이 학교는 1897년 10월 경에는 그 교육기능을 상실하게 된다. 이후 군사력 증강에 의한 자강에의 요구가 국내에서 일어나게 되자 1898년 5월에 칙령으로 제2차 개교를 준비하게 된다. 즉 독립협회는 『독립신문』을 통하여 독립국가로서 위상이 자강국방론에 달려 있다고 강조했다. 내각에서도 기존의 군제에 대한 비판과 병권(兵權) 확립의 요구가 높게 되는 등 자국국방에 대한 인식이 높아지고 있었다.

광무 2년 4월에 내각에서 무관학교 설립을 주청하게 되었고, 광무제에 의해 그해 5월에 무관학교 설립의 칙령이 내리게 된 것이다. 그런데 이 2차 개교는(···) 러시아와 일본의 세력이 서로 상치되어 있었던 시기였으므로, 비교적 외국의 간섭이 없이 자주적인 무관학교 설립 및 운영이 가능했었다고 한다. 즉 1900년 9월 개교로부터 약 4년간을 무관학교의 제도가 완비되고 실질적으로 잘 운영되었으며, 한인교관(韓人教官)에 의하여 교육이 실시되었던 시기였다고 평가하였다.*

신규식이 오랜 문관 벼슬의 가문 출신으로서 무관학교에 들어간 것은 보통 파격적인 행동이 아닐 수 없다. 동학농민혁명의 패배, 명성황후 살해, 서구열강의 이권침탈, 일본세력의 국정 깊숙이 개입, 독립협회와 만민공동회의 처절한 좌절

---

* 임재찬, 「구한말 육군무관학교에 대하여」, 『경북사학』 4, 경북대학교 사학과, 1982.

등을 지켜보면서 힘(군사력)의 중요성을 깨닫고 내린 결단이었다.

그는 어렸을 적부터 성격이 강직하고 옹골찼다. 불의를 보고는 그냥 지나치려 하지 않았다. 15세에 동년군을 조직하고, 18세에는 만민공동회에서 근대적 지식인의 비판정신을 갖추었다. 그리고 20대 초에 육군무관학교에 입학하여 큰 포부를 펴고자 시도했다.

정부는 국가적으로 어려운 시기에 신식군대의 지휘관을 양성할 목적으로 육군무관학교를 세우고 엄격한 절차와 까다로운 선발과정을 거쳐 200여 명을 선발하였다. 매천 황현의 『매천야록(梅泉野錄)』에 따르면 뽑힌 사람 대부분이 칙임관 이상의 자제이거나 그들 친인척인 것이라 하여 특혜가 있었던 것으로 보인다. 그러나 신규식은 어려서부터 신동으로 알려진 우수한 두뇌와 건장한 신체 그리고 그동안 겪은 애국계몽운동 단체에서 훈련되어 입학시험에서 당당히 합격하였다.

신규식은 무관학교에서 전술학·군제학·병기학 등의 군사학과 함께 외국어 등도 교육받았다. 이미 사상을 전환하여 한어학교를 수학하고 만민공동회에 참가했던 그였으므로 무관학교 수학기간은 개화의 심화와 그를 토대로 구체적인 구국운동의 실천을 꾀하던 시기였다. 그는 무관학교 재학중에 군제개혁을 요구하는 동맹휴학을 시도하다가 체포되는 등 개혁을 추구하였고, 후술하지만 향리에 학교를 세워 문중개화에 적극적이었다.

이것은 예관이 개화청년으로서의 입지가 굳어져 있던 단면으로 이해되며, 또한 동료사회에서 지도적 위치로 부상하고 있었다는 것을 말해 주는 부분이다. 예관은 1902년 7월에 소정의 과정을 마치고 참위로 임관했으며 그 후 견습을 마치고 1903년 7월에 정식으로 무관학교를 졸업하게 된다.[*]

그가 무관학교를 졸업하고 참위로 임관하기까지는 순탄하지 않았다. 그리고 이때에 의형제를 맺고 향후 함께 중국에서 독립운동을 하게 되는 동지 조성환(曺成煥)을 만나게 되었다. 이 학교 역시 각종 한말 조정의 부패상 그대로 비리가 만연하였다. 정의감이 강했던 그로서 그냥 두고 볼 수만은 없었다.

모든 학과 성적에 뛰어났던 선생이었지만, 학교 당국의 부패와 여러 가지 불합리한 처사를 공격하기를 멈추지 않았다. 드디어는 개혁을 하실 생각으로 파과운동(罷課運動:수업거부)을 일으킬 계획을 하셨다. 원래 군관학교에서는 모든 사건의 주

---

* 임춘수, 「신규식·신채호 등의 산동문중(山東門中) 개화사례」, 『윤병석교수 화갑기념 한국근대사논총』, 470쪽.

54 | 독립운동의 선구 예관 신규식 평전

동 학생은 일률적으로 군법에 의해 처리하게 되어 있었다.

요행히도 일대 파괴운동을 일으켰을 때 선생께서는 마침 신병으로 고향에 돌아가 병석에 누워계셨던 관계로 처분을 모면했다. 그 후 특사가 내려서 처분을 받았던 동학들도 다시 수학하게 되었으며, 선생께서도 역시 무사히 그 학교를 졸업했다. 그 후 군계에 복무하여 보병영(步兵營)에서 직무를 맡아 보셨다.*

그는 1902년 7월 6일 육군보병 참위에 임명되고 1903년 3월 22일 진위대 제4연대에서 견습을 받고 그해 7월 3일 졸업증서가 수여되었다. 대한제국의 군인, 장교가 된 것이다.

예관은 육군무관학교에서 지낸 3년 동안 무관이 갖추어야 할 엄격함과 굳센 기질을 몸에 익힌 덕분에 일평생 몸가짐이 시종 군인의 규율과 단정함을 간직하고 지킴으로써 장엄한 기상을 풍기게 하였다. 그야말로 문·무를 겸비하고 근대화에의 열정이 강렬한 청년으로 변모한 예관은 육군무관학교 졸업 후 육군 참위로 진위대와 시위대 및 모교인 육군무관학교에서의 견습과정을 마친 뒤 시위대 제3대대에 배속되고 6품으로 승급되었다.**

---

* 민필호, 『예관 신규식 선생 전기』, 『전집』 ①, 303~304쪽.
** 강영심, 『신규식의 생애와 독립운동』, 34쪽.

■ 향리에 '덕남사숙'을 설립하여 실업과목 가르쳐

　군인이 되어 무관학교에서 학습하고 있을 즈음 나라 안팎은 어지러워지고 있었다. 특히 일본을 비롯 서구 열강의 이권침탈이 극심했다. 일본은 경부철도 부설권과 경기·충청·황해·평안도 연해 어업권, 미국은 서울전차부설권과 평북 운산금광채굴권, 러시아는 압록강유역·울릉도산림벌채권과 인천 월미도저탄소 설치권, 영국은 평남 은산금광채굴권, 프랑스는 경의철도부설권과 평북 창성금광채굴권, 독일은 강원도 금성 당현금광채굴권 등을 각각 차지했다.

　1898년부터 1년여 동안 동학혁명의 잔여세력이 호남에서 무장 농민조직으로 영학당(英學黨)을 결성하여 반외세·반봉건운동을 전개했다. 지도자 이화삼(李化三)은 만민공동회에 참가한 경험을 살려 영학당을 이끌면서 봉기할 때는 마을에서 농민대회를 열어 농민들의 의사를 물은 다음 행동에 나섰다. 영학당은 1년여 만에 정부군에 의해 진압되었다.

　1990년 3월에는 허균(許筠)의 소설에 등장하는 활빈당(活貧黨)의 명칭을 내걸고 충청·전라·경상·강원·경기 지역에서 탐관오리와 악덕 부자들의 재물을 털어 빈민들에게 나눠주는 등 활빈활동을 하다가 정부군에 진압되었다. 활빈당은 운문사와 통도사 등지에 근거지를 두고 방곡령 실시·외국인의 금광채굴 금지·외국에 철도부설권 허용하지 말 것 등을 내세웠다.

일찍부터 '집단개화'에 나선 산동신씨 문중에서는 1901년 신규식의 고향인 문의군(文義郡) 동면(東面) 계산리에 문동학원(文東學院)을 설립했다. 문동학원의 설립자가 누구인지는 분명하지 않다. 그러나 신규식의 향리에 설립되었고, 그의 아버지인 신용우가 개화에 대해 필요하다는 인식을 갖고 있었으므로 신규식과 관련 있는 사람이 학교설립의 주체로 생각된다. 이 문동학원에서 신채호와 신백우는 강사가 되었다. 이들이 어떤 과목을 강의하였는지 확인할 수는 없다. 다만 같은 시기에 지방에 설립된 향교학교의 경우 그 교과목이 국문·한문·일어·산술 등으로 구성된 것으로 볼 때 문동학원의 그것도 비슷했을 것으로 추측할 수 있겠다. *

합리적 추측이 가능하다면, 신규식의 아버지가 고향 이름의 명칭을 따서 문동학원을 세우고, 가까운 일가의 개화 청년 신채호와 신백우를 불러 강사로 삼았다. 신규식은 그때 무관

---

* 임춘수, 「신규식 · 신채호 등의 산동문중(山東門中) 개화사례」, 『윤병석교수 화갑기념 한국근대사논총』, 480쪽.

학교 재학 중이어서 전임 강사를 맡을 수 없었을 것이다.

무관학교를 졸업한 신규식은 곧장 향리에 덕남사숙(德南私塾)을 설립하였다. 외세침탈이 극심해지면서 국민이 배워야 한다는 사명감이 크게 작용했다. 그는 전통적인 학문이 아닌 실업과목을 중점으로 가르쳤다. 이 대목에서도 그의 파격의 행적이 드러난다.

1903년에는 신규식이 향리에 덕남사숙을 설립하게 된다. 이 학교에서는 산술·측량 등의 10여 과목을 가르쳤으며, 청주에서 교사를 초빙하고 근대식 학교의 면모를 갖추고 있었다고 한다. 이 학교에서 주로 실업과목을 교육하였던 것은 근대문물의 교육을 통한 자강·자주의식의 고취가 교육목적이었기 때문으로 이해된다. 그런데 전통적으로 문관을 선호했던 이 산동문중에서 실업을 위주로 한 교육이 실시될 수 있었음이 주목된다. 이것은 개화에 대한 인식이 그만큼 문중 내에 정착되고 있음을 보여주는 것이라고 생각되기 때문이다.*

그는 이 학교에 열정을 바쳤다. 아버지와 개화된 문중 어른들의 지원으로 10여 칸의 교실이 마련되었다. 눈이 하얗게

---

* 임춘수, 「신규식 · 신채호 등의 산동문중(山東門中) 개화사례」, 『윤병석교수 화갑기념 한국근대사논총』, 489쪽.

덮인 겨울 어느날, 10여 칸의 아담한 교사 앞에서 주민 백여
명과 학동 80여 명이 모인 덕남사숙의 개교식에서 신규식은
이 사숙을 세운 뜻을 밝히며 입을 열었다.

> 어린이는 나라의 기둥입니다. 또한 보배입니다.… 우리가 망하
> 게 된 이유는 무(武)를 업신여긴 것과 또한 교육을 등한히 탓입니
> 다.… 이순신의 철답 거북선을 한 낱 녹슨 쇠붙이로 만든 후손이
> 나라 망한 책임을 져야 하는 것이요 또 이 원인은 교육이 철저하지
> 못한 탓입니다.… 이 나라 먼 장래를 내다 볼 때 어린이 교육이야
> 말로 무엇보다 중요합니다.*

사립학교를 통한 민족의식을 고취하는 가운데 청주 청호
학교(青湖學校)에도 의연하는 등 교육운동에 적극 참여하였다.
서울 양원학교에 대한 의연 동참은 근대교육 보급에 열성적
인 단면을 보여준다.** 근대교육을 통한 인재 양성이 국권회
복을 위한 지름길로 인식했다.

---

* 　강영심,『신규식의 생애와 독립운동』, 34∼35쪽.
** 『대한매일신보』19006년 1월 31일 광고「淸州私立淸湖學校第一回捐義錄」,
　　1910년 4월 13일 잡보「養源校寄付品」.

제5장

국권수호운동의 전선에서

■ 을사늑약 소식을 듣고 음독

　20세기에 들어서며 국가안위가 누란의 위기로 빠져들고 있을 때 의식 있는 사람들은 문명개화를 강조했다. 이에 기초한 산업부흥과 교육진흥을 통한 실력양성론을 역설하였다. 1900년 11월 서대문~청량리 노선의 전차가 개통되고 비슷한 시점에 서울 진고개의 일본인 상가에 민간 전등이 설치되었다. 1902년 3월에는 서울~인천 간 장거리 전화가 개설되었다.

　외국인들에 의한 이와 같은 '사건'은 엄청난 변화이고 문화적 충격이었다. 게다가 1904년 2월에는 러일전쟁이 일어났다. 섬나라 승냥이와 대륙의 북극곰이 저들 나라를 놔두고 한반도를 전쟁터로 만들었다. 전쟁의 소용돌이에서 벗어나고자 대한제국은 엄정한 '국외중립'을 선언했다. 일제는 원활한 전쟁을 수행하기 위하여 전신선 등을 포함하여 군사시설로 강제 수용하는 동시에 군수물자 수송을 위하여 인력을 강제로 징발하는 만행을 저질렀다. "고래싸움에 새우가 등터지는 격"이었다. 이는 한국인에게 "왜놈이나 쪽발이"이라고 멸시하던 일본이 새로운 지배자로 군림한다는 위기의식을 고조시키는 결정적인 계기였다.

일본군이 서울에 진주한 가운데 한일의정서가 채택되었다. 신규식은 틈나는 대로 향리에 내려와 자신이 세운 덕남사숙 학동들에게 시국을 말하고 정세를 분석하였다. 그리고 손수 지은 노래를 가르쳤다.

아 대한국 만세
부강기업(富强基業)은 국민을
교육함 존재함일세
우리는 덕을 닦고 길을 바로어
문명의 선도자가 되어 봅시다.

학도야 학도야 청년학도야

나라의 기초는 우리 학도님
충군신 애국성을 잊지맙시오
활발히 경주하여 전진함에
허다사업을 감당할려이면
신체의 건장함이 청백이로다.

천지도 명랑하고 평원광야에
태극기 높이 달고 운동하여 보자.*

이 시기 그는 대한제국의 장교 신분으로 1904년 4월 진위대 4연대 1대대를 견습한데 이어 10월에는 모교인 육군무관학교를 견습하였다. 그리고 1905년 3월 6품으로 승급하였다. 교육사업에 진력하면서도 무관학교와 끈을 잇고 있었다. 국가위난시 최후의 보루가 군인이라고 믿은 것이다.

1905년 11월 한민족의 치욕인 을사늑약이 강제되기에 이르렀다. 을사늑약은 대한제국의 목줄기에 비수를 드리대는 폭압이고, 수많은 한국인들의 운명을 바꿔놓은 노예계약 문서였다. 그 중에는 신규식도 포함되었다. 26세 때에 겪은 을사늑변은 그의 생애를 송두리째 뒤흔들었다.

당시 그는 덕남사숙에서 아이들을 가르치다가 소식을 듣

---

* 이이화, 「신규식」, 『한국 근대인물의 해명』, 학민사, 1985, 238쪽.

고 상경하여 거처하던 방의 문을 잠그고 3일 동안 단식을 하면서 자결의 결행을 준비하였다. 이튿날은 대소가의 어른들이 몰려들어서 문을 따라고 호통도 쳐보았지만 허사였다. 만 3일을 굶은 신규식의 가슴에 가득히 밀려드는 것은 암담이요 허무였다.

"죽자. 최선의 길은 단 하나, 죽음 뿐이다."

그는 결론을 내렸다. 그는 순국이란 소극적인 행동이 아니라 적극적인 투쟁의 일환이라 생각하였다. "죽음은 거름의 역할을 하는 것 — 내 한 몸이 거름이 되어 무수한 열매를 맺을 수 있다면"(『한국혼』 참조).

생각이 이에 이르자 신규식은 벌떡 일어나서 감춰 두었던 독약을 꺼내 조심스레 탁자 위에 놓았다. 그리고선 두 무릎을 뚫었다. 그는 나라를 구하지 못한 죄를 2천만 동포에게, 스스로 목숨을 끊는 죄를 부모에게 빌었다. 창살이 훤히 비치는 새벽, 26세로서 세상을 하직하려는 신규식의 심정은 한 점 동요도 없이 잔잔했다.*

그에게는 할 일이 많이 남아 있었다. 운명의 여신은 할 일 많은 그를 데려가지 않았다. 서모 이씨가 문을 부수고 들어

---

* 이이화, 「신규식」, 『한국 근대인물의 해명』, 234쪽.

가 혼수상태에 빠진 그의 입에 냉수를 떠 놓고 곧 양의가 달려와 간신히 목숨을 구하게 되었다. 그러나 독약 기운은 오른쪽 눈의 시신경을 다쳐 그를 애꾸가 되게 했다. 기운을 차려 거울 들여다 보던 신규식은 자조의 웃음을 띠었다.

"애꾸, 그렇다. 이 애꾸눈으로 왜적을 흘겨보기로 하자. 어찌 나 한 사람만의 상처이겠는가. 이 민족의 비극의 상징이지 않는가."

흘겨볼 예(睨)자, 볼 관(觀)자, 예관(睨觀). 신규식은 예관으로 자호를 삼고 이 상처를 평생 기억하기로 했다. 일제가 준, 어쩌면 이토 히로부미가 준 이 선물을 받기로 하고, 그 답례는 10년이고 20년이고 아니 평생을 두고 갚기로 그는 마음먹었다.*

■ 을사오적 처단에 나섰으나

을사늑약은 대한제국의 외교권만을 빼앗은 것이 아니라 사실상 국권의 박탈이었다. 외국에 있던 한국 외교기관은 모

---

* 이이화, 「신규식」, 『한국 근대인물의 해명』, 235쪽.

두 폐지되었고 한국에 와 있던 외교관들도 모두 본국으로 철수했다. 고립무원의 상태에서 서울에 통감부가 설치되어 이토 히로부미 통감이 마치 점령군사령관처럼 군림하며 행세하였다.

을사늑약에 찬성한 대신은 이완용·이근택·이지용·민영기·권중현이다. 이들을 을사오적이라 한다. 의기 있는 지사들이 오적의 처단에 나섰다. 대표적인 인물이 나인영(羅寅永)과 오기호 등이다. 이들은 자신회(自新會)를 통해 회원과 장사들을 모집하고 오적 암살단을 조직하였다.*

신규식은 만민공동회 시절에 나인영을 만나 그의 우국충정에 크게 감복하고 동지가 되었다. 그가 19세의 연상이지만 나이를 뛰어넘어 뜻을 같이 할 수 있었다. 뒷날 나인영이 나철(羅喆)로 개명하고 단군교를 대종교로 중광(重光)할 때 신규식이 가장 먼저 입교하는 등 두 사람은 민족사 연구와 독립운동의 든든한 동반자가 되었다.

나인영이 을사오적 처단을 준비하는 과정에 신규식이 참여하였다. 당시 그는 경제적으로 어느 정도 여유가 있었기에

---

* 『황성신문』 1905년 8월 31일~9월 2일 기서「吳基鎬」, 1907년 4월 3일 잡보「三氏自現」, 4월 27일 잡보「羅吳의 供招顚末」: 『대한매일신보』 1907년 4월 3일 잡보「三氏自現」, 4월 5일 잡보「三氏押交」, 4월 28일 잡보「首犯等의 素性」.

상당한 비용을 댓을 것이다. 다만 군인 장교의 신분이어서 앞에 나서기는 어려웠다. 나인영은 을사오적 처단을 지원한 의사들에게 '격려사'와 함께 「간신을 목 베는 글」을 발표하였다.

간신을 목 베는 글*

이완용 – 러시아, 일본에 붙어서 조약 체결의 선두를 섰으니 꼭 죽여야 함.

권중현 – 이미 조약 체결을 인정했고 농부(農部)의 일국(一局)을 외인에게 양보했으니 꼭 죽여야 함.

이하영 – 조약 체결이 그의 손에서 나왔는데도 속으로는 옳다 하고 겉으로는 그르다 하여 백성을 속였으니 꼭 죽여야 함.

민영기 – 조약 체결이 안으로는 옳고 밖으로는 그르다 하여 전국 재정을 모두 외인에게 주어버렸으니 꼭 죽여야 함.

이지용 – 갑신년의 의정서와 을사년의 신조약이 모두 그의 손에서 나왔고 매관매직하여 나라를 망치게 했으니 꼭 죽여야 함.

박제순 – 외부대신으로 조약을 맺어 나라를 팔고 또 참정대신으로 정권을 양도했으니 꼭 죽여야 함.

이근택 – 이미 조약 체결을 허락하고 공을 세운다 하여 폐하를 위협하고 백성들에게 독을 뿌렸으니 꼭 죽여야 함.

---

* 『황성신문』 1907년 4월 27일 잡보 「羅吳의 供招顚末」.

나인영이 주도한 을사오적 척살거사(1907년 3월 25일 오적을 습격했으나)는 성공하지 못하였다. 훈련 미숙과 준비한 무기의 성능이 좋지 않았다. 2년 뒤인 1909년 12월 이재명이 다시 이완용을 습격했으나 상처만 입힌 채 죽이지는 못하고 이듬해 그가 사형당하였다.

을사오적을 조종하고 대한제국을 무너뜨린 국적 제1호 이토 히로부미는 1906년 3월 2일 군함 이즈미(和泉) 편으로 인천을 통해 서울에 와서 정식으로 조선통감에 착임하였다. 이때의 수행자는 육군소장 무라다, 해군소장 미야오카, 통감부 초대 외무총장인 나베시마, 비서관 후류야와 촉탁인 남작 다까자끼·나베시마·도모도, 흑룡회의 우찌다 등이다. 또 이토의 부임 행렬 중에는 도쿄 니혼바시의 요릿집 오마다의 딸 오카네와 간호부 겸 정부인 오류와 비파의 명인 요시다 다께꼬 등 3명의 여성도 끼어 있었다.

이토는 1909년 6월 13일까지 4년여 동안 조선을 통치하였다. 이 기간 이토는 제왕에 버금가는 권세를 부리면서 일제의 조선통치 기틀을 만들었다. 의병 학살과 각종 이권·문화재·토지수탈 등 온갖 만행이 이토의 지휘 아래 자행되었다.

이토는 남산 왜성대의 총독관저와 정동 손탁호텔에서 양녀 배정자(裵貞子)를 껴안고 지내면서 친일세력을 조종하고 일본군의 위력을 배경으로 조선의 식민지배 체제를 확립해 나갔다. 이토의 술책과 권력이 미치지 않는 곳이 없었다. 경운궁을 덕수궁이라 명칭을 고쳐 그곳에 고종황제를 유폐하고, 순종황제를 허수아비로 만들어 창덕궁에 안치시켰다. 또 고종황제가 귀여워 한 왕자 은(垠)을 일본으로 인질로 끌어가고, 이토 자신이 왕자의 교육을 맡은 이른바 보육총재(輔育總裁)를 맡았다. 결국 그는 1909년 10월 26일 오전 안중근에 의해 하얼빈에서 처단되었다.

▎ 군대해산 현장에서 자결시도

한국을 강탈하고자 한 일본에게 취약한 군사력이지만 대한제국 군대는 그나마 무장된 최후의 집단이다. 1904년 대한제국 군인은 1만 6,000명, 1907년 당시에는 4,500명의 수준이었다. 일본은 1907년 10월 군대해산을 위한 사전 조처로서 「군정(軍政) 시행에 관한 내훈」을 만들어 치밀하게 준비했다. 이어서 같은 해 7월 「군대해산조칙」을 공포하고 보안법을 제정하여 모든 한국인의 무기 휴대 금지를 규정하였다.

1907년 8월 1일, 이날 대한제국 군대의 해산이 단행되었다. 아침 7시 대한제국 주둔 일본군사령관 하세가와 요시미치(長谷川好道)는 군부대신 이병무(李秉武)와 함께 각 부대 대대장 이상을 관저인 대관정으로 소집하여 이들에게 순종의 조칙을 전달하고 이에 복종하여 해산에 적극적으로 협력할 것을 당부하였다. 아울러 해산식에 참석하는 부대 사병들은 오전 10시까지 총기를 휴대하지 말고 훈련원에 집합할 것을 명령하였다.

하사와 병졸들을 해산시키는 훈련원 연병장에는 일본군이 착검을 하고 삼엄한 경계를 펴는 가운데 예정된 시각 10시가 임박하여 각 부대가 도착하였다. 그러나 12시가 지나도 연병장에 집결한 군인은 1,000명도 되지 않았다. 제1차 해산 대상 군인 3,441명의 3분의 1에도 미치지 못한 수준으로, 해산에 대한 반발이 극심했다는 것을 보여준다.

신규식은 국가의 마지막 보루인 군대가 해산되는 꼴을 외면할 수 없었다. 해산식이 거행되는 훈련원으로 나갔다. 제1연대 제1대대 박성환(朴昇煥, 일명 朴星煥, 朴勝煥, 朴齊寬) 참령(소령)이 군대해산을 거부하며 권총으로 자결하였다. 지척에서 이를 알게 된 신규식은 부하들과 함께 무기고를 부수고 탄약과 총으로 무장하여 대한문 앞까지 진출했다.

즉각 출동한 일본군은 월등한 무기와 병력으로 육박해 왔다. 완강한 저항에 부딪치자 일본군은 기관총을 난사해댔다. 선두에 섰던 예관은 이에 펄펄 달아오른 불덩어리였다.

"한 사람도 후퇴하지 마라!"

그러나 수 십번이고 외쳐 보았자 병사들은 밀리기 시작했다. 그가 다시 막사로 돌아왔을 땐 부하들의 얼굴 태반이 보이지 않았다.

"헛된 순국이었구나"

예관은 격앙된 감정을 누르고 하나뿐인 눈을 지긋이 감았다.

"내 존경하는 박 참령이 갔다. 내 사랑하는 부하들도 갔다. 아 나라는 엎어진 배, 내 목숨은 옛날에 없어진거나 다름없는 것, 참 구차스럽구나."

애꾸눈을 번쩍 뜬 예관은 칼을 쑥 뽑아 들었다. 옆에 섰던 부하 하나가 재빨리 칼을 빼앗았다. 예관은 그 자리에 푹 고꾸라졌다. 졸도한 것이다.* 을사늑약에 이어 군대해산에 저항하여 두 번째 자결을 시도했으나, 이번에는 부하에 의해

---

* 이이화, 「신규식」, 『한국 근대인물의 해명』, 239쪽.

구명되었다. 모진 생명이고 운명이었다. 그래서 살아서 광복 운동을 하라는 운명의 계시로 받아들였다.

일본군과 교전으로 1,000여 명의 부대원 중에서 68명이 전사하고 100여 명이 중경상을 입었으며 516명이 포로가 되었다. 일본군도 42명의 사상자를 냈다. 시위대 군인들은 화력이 훨씬 우세한 일본군과 맞싸울 수 있을 정도로 전투력을 갖추고 있었다. 신규식은 부상병 치료를 위하여 의연금을 모금하는 등 군인들을 보살피는데 열성적이었다.

병영이 일본군에게 점령당하자 이곳을 탈출한 대한제국 군인들은 일본군과 시가전을 계속하면서 시외로 나온 후 다시 창의문 밖 예수교 교회당 고지 부근에 모여 남대문 정차장 일본군위소를 습격하여 큰 타격을 준 후 지방으로 이동하여 의병진에 가담하였다. 일제의 기록은 "해산한 군인의 대부분은 지방으로 도주하고 폭도(의병·필자)의 무리에 투(投)하여 길이 화란의 염(焰)을 종식시키지 못하는 인(因)이 되었다."* 라고 썼다.

---

* 　조선주차군사령부, 『조선폭도토벌지』, 1910.

제6장

사회활동과 국민계몽운동

■ 회사를 차리고 대한협회와 기호흥학회에 참여

을사늑약(1905)에서 경술병탄(1910년)에 이르는 5년은 대한
제국으로서는 그야말로 국망지추(國亡之秋)의 엄중한 시기였
다. 우국지사들이 국민의 궐기를 호소하면서 순국자와 순절
자 등은 국민적인 각성을 촉구하는 가운데 의병운동은 의병
전쟁으로 전환되었다. 전면적인 국민전으로 진전되는 계기
를 맞았다.

이한응(李漢應, 1874~1905), 민영환(1861~1905), 조병세(趙秉世,
1827~1905), 박승환(1869~1907), 이준(李儁, 1859~1907), 홍범식(洪
範植, 1871~1910), 황현(1855~1910) 등 지사는 각각 이를 반대·비

판하면서 자결하였다. 국민적인 울분은 공감대를 형성하는 가운데 항일 적개심이 활활 타올랐다. 예관은 민영환 순국에 즈음하여 추도시를 헌사하였다.* 이는 민충정공의 죽음을 헛되지 않게 하려는 '자기다짐'이었다.

1905년 을사늑약과 1907년 한일신협약으로 외교권에 이어 대한제국의 법률 제정과 관리 임명권이 속속 일제의 손아귀로 넘어가자 다시 의병이 일어났다. 중기와 후기 의병전쟁으로 원주의 원용팔, 죽산·안성의 박석여, 여주의 이범주, 경상도의 이유인·이하현·정용기·신돌석, 전라도의 기우만·양한규·고광순·김동신, 충청도의 노병대 등이 이 시기의 대표적인 의병장들이다.

각지에서 산발적으로 일본군에 대항하던 의병들은 1908년 1월(양력) 의병 1만여 명이 경기도 양주에서 모여 '13도 창의군'을 결성하고 유학자 이인영(李麟榮, 1867~1909)을 총대장으로 추대했다. 이인영은 서울 주재 각국 공사관에 격문을 보내 의병이 국제법상 교전 단체임을 선언하고, 정의와 윤리의 적인 일본군의 토멸을 선언했다.

'13도 창의군'은 서울을 탈환하고자 일본군의 방위망을 뚫고 그중 일부는 세검정까지 진출했다. 그러나 일본군이 동대

---

* 『대한매일신보』 1905년 12월 20일 사조 「痛哭 閔忠正公」.

문에 기관총을 설치하고, 의병 선봉 부대를 기습하면서 '13
도 창의군'은 크게 패하고 말았다. 우리 의병은 일본군의 최
신 병기를 당해내기 어려웠다. 허위가 이끄는 선봉대는 동대
문 밖 30리까지 진출하였으나 응원군이 도착하지 않아 서울
진공작전은 실패하고 말았다.

신규식은 두 차례나 순절의 시도에서 실패하고 그때 마셨
던 독약으로 눈을 다쳐 의병에 나서지도 못하였다. 자신의
부하들이 각지에서 의병전쟁을 일으킬 때도 그는 하릴없이
지켜볼 수밖에 달리 길이 없었다.

그러던 중 어느날 군의 상사이던 윤치성(尹致性)이 찾아왔
다. 해산된 군인들의 퇴직금을 모아 실업회사를 차려 군자금
을 마련하자는 제안이었다. 마다할 이유가 없었다. 그로서는
다시 한번 파격적인 행보였다. 곧 회사를 차리고 알찬 경영
으로 성과를 내게 되었다.

윤치성과 예관은 동분서주해서 10여 명의 퇴직장교를 규
합해서 광업주식회사(鑛業을 했다는 기록은 잘못임)를 발기했다.
발기인은 윤치성·조철희(趙轍熙)·민용기(閔用基)·민영린(閔泳
麟) 그리고 예관 등 10여 명이었다.* 사무실 위치는 현 단성사

---

* 『황성신문』 1907년 9월 10일 잡보 「好個事業」.

앞이었고, 업종은 지방과의 각종 물산을 거래하는 회사였다. 사장은 이 회사에 상당한 출자를 한 윤치소(尹致昭)였고, 예관은 경리 책임자가 되었다.

회사는 나날이 번창하여 갔다. 한편 분원자기공장을 설립하여 고려자기의 부활에도 힘썼다. 또 예관은 대한자강회와 대한협회(大韓協會)에 가입하여 민권운동에도 열렬히 참여했다. 광업회사의 숙직실에 기거하면서 예관은 잠시도 쉬지 않고 뛰었다.*

그는 1908년 7월 정치사회단체 대한협회에 참여한다. 대한자강회가 통감부에 의해 강제 해산된 뒤 이를 계승하여 새로 조직되었다. 강령에서 "교육의 보급, 산업의 개발, 생명재산의 보호, 행정제도의 개선, 관민 폐습의 교정, 근면저축의 실행과 권리·의무·책임·복종의 사상을 고취"라는 7개 항목을 내걸었다.

사무소는 서울 탑동에 있었고 회원은 7천여 명 이상으로 지방에 100여 이상의 지회를 두었다. 남궁억 회장, 오세창 부회장, 윤효정 총무, 신규식은 장지연·유근·정교·이종일 등 당대의 명사 23명과 평의원으로 선임되었다. 일종의 이사 또

---

* 이이화, 「신규식」, 『한국근대인물의 해명』, 240쪽.

는 대의원격이다. 부서로는 교육·법률·재무·실업·지방부를 두고, 월보간행과 인권옹호, 국민계몽의 강연회를 실시하였다. 신규식은 실업부 부원으로 임명되었다.

대한협회는 창립당시 대한자강회의 후신으로 항일운동을 강력히 추진했으나 일제의 압박이 심해지면서 일진회와 제휴를 모색하는 등 점차 그 성격이 변하였다. 그러자 그는 지체없이 대한협회의 발길을 끊었다. 탈퇴한 후 독자적인 국권회복을 모색하는 계기로 삼았다.

■ 황성신문에 논설 기고

한말 구국언론의 역할을 해오던 『황성신문』은 을사늑약이 체결되자 장지연(張志淵, 1864~1921)의 「시일야방성대곡(是日也放聲大哭)」(오늘을 목놓아 크게 통곡한다)의 논설을 통해 일제 침략을 통렬히 폭로했다. 통감부가 이를 트집잡아 갖은 탄압을 저질러 신문이 폐간의 위기에 놓였다.

신규식은 1908년 1월 9일자 논설란에 「신년 신문」이란 기고문을 통해 신문의 중요성을 일깨우면서 경영의 어려운 여건 속에 시달리는 기자들의 용기를 북돋았다. 그리고 독자들에게 이 신문을 살리자고 호소한다. 논설 중 두 대목을 소개한다.

지금 유럽과 아시아의 이른바 열강들은 신문의 발달로 문명의 선구(先驅)되지 않음이 없는데, 미국과 독일이 가장 많고 영국과 프랑스가 그 다음이다. 그러나 우리 동방은 예의 문물로 곧잘 일컬어지고 있지만, 신문사에 이르러서는 적막강산이 부지하세월(不知何歲月)이로다.

다행히도 황성신문사를 창립하니, 봄날 천둥소리에 잠자던 것들이 모두 일어난 듯함이라. 정대한 의를 논하고 삼엄한 붓을 들어 내외·원근·거세·대소의 일들과 사람들의 권징(勸懲)·억양(抑揚)·시비(是非)·훼예(毀譽)를 널리 탐색하여 신속히 알리고, 공(公)과 실(實)에 근거하여 벼슬아치와 양반들, 하인과 아녀자들이 이로 말미암아 계몽되니, 혼자서 백 명을 상대하고 일당백(一當百), 적은 수효로 많은 수효를 대적한단(寡敵衆) 말이 어찌 오늘을 위해 준비된 것이 아니겠는가.

저(규식) 역시 귀지에 깊은 관심을 기울인 것이 남에게 뒤지지 않아 구독 10년 동안 차라리 하루 끼니를 먹지 않을지언정 하루도 안 읽을 수 없었으니, 나 같은 비천함과 우둔함으로도 느낄 수 있으니, 귀관(貴館)의 은혜가 그 또한 크지 않았겠습니까.

근래에 귀관에서 날마다 게고(揭告)한 글 열람하자니, 나도 모르게 크게 고함치고 이어 장탄식을 하였도다. 신문을 창간하는 일이 어찌 작은 이익을 꾀하기 위함이겠습니까. 큰 발분에서 나온 것이기에 이러쿵저러쿵 논쟁이 자자한 것은 전적으로 미몽을 각성시키고자 하는 것이지 단연코 다른 뜻이 아닐 것이다.

지묵비, 인쇄비, 우편료 및 제반 재정의 경우에는 하늘에서 떨어지고 땅에서 솟는 것이 아닌즉, 그 대금을 취하여야만 경비를 보충해서 겨우 정간과 폐간을 모면할 수 있거늘, 어찌 대금의 적체가 이다지도 심한가. 이런 부득이한 사정으로 인해 부득이하게 고하니, 외인(外人)들에게는 듣지 못하게 할 것이요, 우리 동포에게 바라는 것은 다름이 아니다.

귀관의 고심과 지성을 저버리는 일은 논할 것도 없거니와, 또한 해외에 살고 있는 형제들에게도 부끄럽지 않기를 바람에서입니다. 저 수만 리 이역의 외로운 발자취로도 4천년 조국을 잊지 않고 힘든 노동으로 얻은 작은 푼돈으로, 추운 몸 실오리 걸치고 굶주린 배 곡기로 채울 생각 할 겨를 없이 신문사를 설립하고 학교를 세워 서로 계몽하였으며, 의연금을 내지(內地)의 각 신문사에 기부하기에 이르렀으니, 충애의 정성과 단결심이 어찌 이와 같을까?

우리 내지에서는 사람마다 자금을 갹출해서 기부하여 곳곳에서 신문을 발간하고 학교를 설립한다는 것은 따라갈 수도 없는 일이어니와, 어찌하여 이미 발간한 신문을, 구독하고 대금을 연체하고, 한 번도 눈에 대지조차 않는 사람들이 많아, 간신히 유지하고 있는 이 한 가닥을 영원히 끊어지게 하려 하니 이는 진실로 무슨 마음인고, 재삼 생각해도 이런 이치는 만무한지라, 구독하는 동포가 모두 타고난 애독자이니 어찌 대가를 아까워하여 마련할 마음이 없었으리오.*

■ '영천학계'에 참여, 중동야학교 교장에 취임

그는 다양한 사회활동을 하면서 신교육의 중요성을 체감하고 서울에서 영천학계(靈川學契)를 설립하고 관리하는데 실무적인 역할을 맡았다. 1908년 5월이다. 개화된 산동신씨 문중의 어른들이 뜻을 모아 문중학계(學契)와 2개의 사립학교를

---

* 예관신규식전집편찬위원회, 『전집』②, 15~16쪽.

세웠다.*

산동신씨 문중은 자제들은 물론 이웃 청소년들에게 신교육을 실시하고자 서울에 영천학계를 설립하고 다음과 같은 임원을 선임하였다.

총　감: 신태휴
계　장: 신면휴
부계장: 신룡우
총　무: 신규식
부　장: 신창휴 신석구 신정식 신형모
부　원: 신택우 신채호 신범휴 신정식 신긍우 신광휴 신백우 신만
　　　우 신석우 신형식 신재우 신홍우. **

신규식과 신채호·신석우 등 문중의 젊은 엘리트들이 집필하였을 것으로 예상되는 「영천학계 설립 취지문」에서 이들의 교육에 대한 시대정신이 오롯이 모아진다. 긴 내용 중에 세 부문을 골랐다.

대저 교육은 특별한 일이 아닙니다. 지식을 개발하고 도덕을 닦아

---

* 『황성신문』 1908년 5월 15일 잡보 「靈川學契」, 8월 4일 잡보 「申氏花樹會」, 8월 11일 잡보 「申氏再會」, 10월 2일 잡보 「申門兩校」.
** 『황성신문』 1908년 5월 13일 잡보 「開明花樹」; 『대한매일신보』 1908년 7월 12일 잡보 「申門學契出捐」; 예관신규식전집편찬위원회, 『전집』 ②, 97쪽.

서 하늘이 부여한 우리들의 권리와 의무를 알아서 여러 방면에 활용하는 유일무이한 업무입니다. 이 때가 어느 때며 이 세상이 어느 세상입니까? 해상에 문호가 한 번 열림에 풍파와 조수가 들끓습니다. 만국이 별처럼 벌려 있고 바둑알처럼 나열됨에 수레와 문자가 서로 교통되고 육대주가 호시탐탐하고 있어 고래가 약한 물고기를 삼키듯 하며 기계는 날로 새로워져서 문명한 인종은 잘 보존하고 몽매하고 미개한 민족은 멸망하는 세계입니다.

지금 이 세계는 교육의 수준에 달려 있다고 말하는 이 시대에 우리나라는 과연 어떤 처지에 있습니까? 긴 밤 비바람 속에 촛불이 꺼질 지경이요 하늘을 덮은 구름과 안개 속에 햇빛을 볼 수 없습니다.

일찍이 우리 고령신씨는 월평(月評 : 매월 초하루에 인물에 대한 품평을 하던 일)이 있었으니 문학을 숭상하는 가문이요 준수한 인재가 많은 종족이라 하였습니다. 어찌하여 오늘에는 배운 자도 없어 무식한 사람과 몽매하여 깨우치지 못함이 이 지경에 이르렀습니까? 이는 오로지 교육에 어둡고 고집과 융통성이 없는 것이 관습이 되어 날로 부패해지고 스스로 자포자기를 달게 여긴 까닭입니다.

구시대의 학문으로 논하면 입으로만 예의를 논하고 실행하는 데는 부합되지 않고 말로만 유학(儒學)을 칭하면서 쓸데없는 문사(文詞)만 숭상하는 것이 근 백 년 동안 내려온 실상입니다.

아무튼 다 같이 합심하고 힘을 함께 하여 계파 간에는 원근을 따지지 마시고 나이는 노소를 가리지 마셔서 교육에 참여하고 친족 간의 화목을 도모하여 큰 건물로 사립학교와 가족구락부(家族俱樂部)를 빨리 조성하여 크게 의무교육을 실시하고 함께 가정의 즐거

움을 누리는 것이 진실로 원하는 바입니다. 이는 갑자기 이루어진
것이 아닙니다.

하물며 우리 가문은 청렴검소하게 대대로 살아온 세족(世族)이니
한 방울의 물이 합쳐 큰 강을 이루고 작은 토양을 쌓아 태산이 되
는 원리를 함께 알아 노력해야 할 것입니다. 이 공동의 노력은 각
기 자신과 가족의 행복을 위하여 할 뿐 아니라 실로 일반 사회의
번영을 위하는 길입니다.*

　무너져가는 나라를 바로 세우기 위해서는 신교육·신학문
의 중요성을 절감한 그는 문중의 교육사업 외에 개인적으로
도 후진 양성에 힘을 쏟았다.

　1909년 3월 윤치소의 뒤를 이어 현 중동중·고등학교의 전
신인 중동야학교(中東夜學校)의 제3대 교장으로 취임하였다.
중동학교는 당시 계몽단체나 민간인들이 근대적 제도교육의
필요성을 각성하여 설립한 많은 사립학교 중 하나로 1906년
9월 한어야학(漢語夜學)에서 출발한 학교였다.** 중동야학교가
설립된 배경은 다음과 같다.

　한어졸업생 김완규(金完圭)가 청나라 공관에 다년 통역하여 한어는

* 『황성신문』 1908년 5월 15일 잡보 「靈川學契」 : 『대한매일신보』 1908년 6월
　11일 논설 「家族敎育의 前途」 : 대한매일신보』 1908년 6월 11일 논설 「가족교
　육의 전도」 : 예관신규식전집편찬위원회, 『전집』 ②, 91~93쪽.
** 김형목, 『대한제국기 야학운동』, 경인문화사, 2005, 144 · 266쪽.

당시 제일이라고 또한 학문이 유여(有餘)하고 교육에 열심하여 근일 재동 윤형식(尹亨植) 집에 한어야학을 설립하고 학도 10여 인을 교육하며 서병필(徐丙弼) 집에서도 3-4인을 가르치며 계동 김선진(金善鎭) 집에 유하는데 다수한 학도가 왕학(往學)함으로 저들 역시 가르쳐 3곳 분교에서 조금도 나타하지 않아 교육상에 이와 같인 열심함은 가이 찬양할만하더라.*

창립 당시 교장은 오세창(吳世昌), 교감 최흥모(崔興模), 오규신(吳圭信) 교사를 비롯하여 한어교사 유광렬(柳光烈) 등이었다. 이어 일어교사 박재숙(朴在肅) 등을 초빙하여 학과목을 증설하였다. 학열열 고조와 더불어 학생들도 증가하는 등 교육 내실화를 위한 방안이 모색되었다. 이러한 분위기는 서울에 거주하는 청나라 사람들을 자극하여 한어야학이 성행하는 배경으로 작용하였다. 종로청년회관에도 한어야학이 설립되는 등 중국어에 대한 관심을 고조시켰다.**

한어학교 출신으로 교육활동에 뜻을 두었던 그가 교장으로 재임하기 이전부터 이 학교에 관여했을 가능성이 충분하다. 예관은 교장에 취임하여 다른 사립학교와 마찬가지로 인

* 『대한매일신보』 1906년 7월 29일 잡보 「한語教授의 熱心」.
** 『대한매일신보』 1906년 9월 12일 잡보 「漢語夜學」, 11월 28일-12월 1일 광고 「特別廣告」, 1907년 1월 5일 잡보 「中東開校」, 1910년 2월 27일 잡보 「漢語校設立」 ; 『만세보』 1906년 10월 18일 잡보 「漢語夜學試驗」 ; 『황성신문』 1906년 10월 19일 잡보 「漢語夜學」.

재양성, 실력양성, 계몽 등에 역점을 둔 교육을 실시하여 위난에 처한 조국과 민족을 구하고 외세를 구축한 뒤 자주독립 국가를 건설하려는 목적을 앞세웠다.*

▍ 공업잡지를 창간하고 닭키우기 장려

군대가 해산당하고 의병이 진압되고 대한협회가 변질되는 등 참담한 상황이 전개되었다. 신규식은 새로운 방법을 찾았다. 그것이 통감부의 감시를 피하면서 국력을 키울 수 있는 공업화에 대한 관심이었다. 조선은 전통적으로 사농공상의 질서에서 공업이 천시되었다. 그러다보니 산업화에 뒤떨어지고 결국 일제의 침략으로 국권이 짓밟혔다. 기술교육 강화를 위한 공업전습소(工業傳習所) 설립은 이러한 난관을 타개하려는 일환이었다.**

이를 간파한 그는 공업의 중요성을 일깨우고자 월간잡지

---

* 강영심, 『신규식의 생애와 독립운동』, 49쪽.
** 『황성신문』 1908년 7월 10일 논설 「工業傳習所」 ; 『대한매일신보』 1908년 9월 29일 논설 「進步ᄒ라 同胞여(續)」.

『공업계(工業界)』를 창간하였다. 유학자 출신으로는 생소한 분야가 아닐 수 없었다. 1909년 1월 28일자로 창간하여 통권 4권까지 발행하였다. 우리나라 최초의 공업·기술관련 월간지다. 자신이 사장 겸 편집인이 되고 박찬익(朴贊翊)을 발행인으로 하여, 지배인으로 일하던 황성광업주식회사의 방 한 칸을 빌어 잡지를 펴냈다.* 하지만 일제의 한국병탄으로 이 잡지는 얼마 뒤 강제 폐간되고 말았다. 이때 두 사람의 깊은 인연은 이후 서로 인생여정에 많은 도움과 커다란 영향을 주었다. 국망 이후 만주로 망명하였던 박찬익은 훗날 상하이에서 신규식과 돈독한 항일운동 동지가 되었다.

직접 쓴 창간사 격인 창간호 서두의 「근고(謹告)」에서 "본보 공업계는 대한제국의 부강기초를 건립하고 2천만 공중(公衆)의 공업사상을 고취하는 주의로 실제 수학과 공업 각과의 강의와 외타 공업에 관한 논설과 신기(新奇)…."라 하여 강의는 물론 해외 공업관련 논설을 비롯하여 새로운 기술을 소개하겠다고 밝혔다.

이 시기에 그는 또 실업진흥의 방안으로 김최현(金最炫)과 『가정양계신편(家庭養雞新編)』을 역술하여 일반에 보급하였다.

---

* 『황성신문』 1909년 3월 6일 논설 「工業界의 新光線」, 3월 6-9일 광고 「工業界」; 『대한매일신보』 1909년 5월 30일 논설 「此亦志士界의 責任」.

국민들의 가정에서 양계의 필요성을 역설하고 닭의 종류와
선택법, 사료관리, 번식법, 닭의 질병과 치료방법 등을 상세
히 설명했다. 양계는 가정의 긴요한 산업이고 전국의 거대한
이원(利源)으로 주목하였다. 양계업 성공은 광산·철도·조선업
등 여러 산업을 발전시키는 밑거름이 되리라 예견할 정도였
다. 주요 발매소는 대동서시·광학서포·회동서관·신구서림·
중앙서관·박학서관·고금서해관·한양서관·박문서관·홍업회
사 등이었다. 이 책은 운동회나 졸업식에서 상품으로 수여됨
으로 양계에 대한 청소년 관심을 높이는 계기가 되었다.*

　　교양 서적 발간에도 관심이 높았다. 친구 유정렬(柳廷烈)이
간행한 유석태(柳錫泰)의 저서 『산술지남(算術指南)』의 서문을
쓰고, 이 책을 널리 소개하였다. 광덕서관에서 발행한 이 책
은 광고를 통하여 다소 생소한 산술에 대한 관심을 불러일으
켰다.** 유생들에게 산술은 낯선 학문의 영역이었다. 그래서
사대부는 그 중요성에도 불구하고 제대로 익히지 않고 도외
시하였다. 책의 서문에서 신규식의 열린 지식과 개화인식을
살피게 한다.

---

* 『황성신문』 1908년 3월 14일 잡보 「養雞理學」, 3월 14-31일 광고 「家庭養鷄
　新編」, 5월 1일 잡보 「優等及賞品」 ; 『대한매일신보』 1909년 3월 15-18일 광
　고 「家庭養鷄新編」.
** 『황성신문』 1909년 5월 8일-9월 16일 광고.

세계는 동과 서로 저처럼 멀리 떨어져 있으되 모두 산술을 중시하지 않는다. 그러나 사물은 저처럼 복잡하여 산술이 없으면 이해할 길이 없다. 유가(儒家)에서 육예(六藝) 중 하나이며 과학 분야에서 모든 학문의 근본으로 삼은 것은 진실로 이 때문이다.

나의 벗 유석태는 이 학문에 대하여 평소에 전력을 다 기우린 공이 여러 해 되었다. 가는 일이 날로 치밀해지고 깊어져 이 책을 지었으니 참으로 이 학문의 나침반이로다. 그러나 개인적인 욕심을 품지 않고, 널리 보급하려면 어떻게 하나 하던 차에, 다행히 나의 벗 유정렬 역시 이 배움을 발전시키는 데 뜻이 있어 한마음으로 찬성하며 깎고 새겨 만들어 세상에 내놓아 사람들이 다투어 본받으며 다시는 거북점이나 시초점에 의지하지 않으니, 학계에 큰 공이 있다고 하지 않을 수 있겠는가.

예관은 국권회복을 위한 다양한 민족운동에 동참하였다. 대한협회와 기호흥학회 회원으로 기관지에 글을 투고했다. 『대한협회회보』 제3호부터 제9호까지 총 9편의 한시와 글을 실었다. 대한자강회가 일제에 의해 강제로 해산되자 이에 대한 자신의 심경을 기고하였다. 「대한이를 보내며」라는 한시를 이러한 사실을 엿볼 수 있다.

너를 보낸 날 용종에 흘렸다(送君此日淚龍鍾)
그 노래 한탄스럽고 초췌한 모습(慷慨其歌憔悴容)
연로는 길고 막연하니 넓은 호수에 석조라(燕路漫漫沉夕照)

촉산 울울하여 창궁에 끼인다(蜀山兀兀揷蒼穹)

지금 대륙 병탄하고자 다툼을 돌아보니(顧今大陸爭呑噬)

우리로 하여금 모두 귀머거리를 참게(忍使吾人盡聵聾)

일주심을 태우니 후일의 약속을 기다린다(一炷心香留後約)

원류 백절이라도 다시 동으로 돌아온다(源流百折更歸東)*

신규식은 시를 매개로 대한협회 계몽운동의 나아갈 방향을 제시했다. 또한 실업과 공업 발전이 부국강병의 원동력임을 강조하는 등 민족자본 육성을 위한 방안도 모색하였다.

기호흥학회가 결성될 당시에도 회원으로 가입하면서 10원을 회비로 내는 등 거금인 천원 의연을 약조했다. 이 단체는 경기도와 호서지방 흥학과 경제적인 발전을 도모하는데 있었다. 아쉬운 사실은 강제병합 직전 충남중학교 설립을 위한 노력이 결실을 거두지 못한 부분이다. 발기인은 남정철(南廷哲)·정주영(鄭周永)·조동희(趙同熙)·정영택(鄭永澤)·윤응렬(尹雄烈) 등이었다. "대한민국임시정부 안주인"으로 평가받는 정정화의 아버지인 전관찰사 정주영은 1천 원 가치인 토지를 기부했다. 발기한 지 10여 일만에 5천 원에 달하는 거금이 모금되었다. 이는 충남인의 중등교육에 대한 열망이 어느 정도

* 신규식, 「送自强子」, 『대한협회회보』 3, 대한협회, 1908.6.

인가를 가늠할 수 있는 지표였다.* 일제의 식민지화로 물거품으로 좌절되었으나 역사적인 재평가가 요구되는 부분임이 틀림없다.

재경 학생들도 호서학생친목회(湖西學生親睦會)를 조직하는 등 계몽운동 확산을 위한 밑거름을 마련하였다. 예관은 이 단체 찬성원으로 참여하는 등 충청도 근대교육에 열성을 다했다.** 이들은 기숙사 건립을 계획함으로 향학열과 아울러 근대교육의 중요성을 강조하는 강연회를 자주 개최하였다. 근대교육과 계몽활동을 통한 국권회복은 일제강점과 더불어 모두 수포로 돌아가고 말았다.

---

* 김형목, 「한말 공주 지역 교육계몽운동과 국채보상운동」, 공주시, 『공주독립운동사』, 학고재, 2020, 78쪽.
** 『대한매일신보』1909년 1월 13일 논설 「湖西學生父兄에게 告홈」, 1910년 5월 27일 잡보 「湖西生運動續聞」.

제7장

국치를 겪으면서

■ 나철과 함께 대종교 중흥에 나서

　기둥이 썩고 대들보가 무너지는 건물(왕조)을 초야의 몇몇 우국지사들이 떠받치기에는 힘겨웠다. 조정은 친일파로 변신한 중신들이 얼빠진 군주(순종)를 둘러싸고 매국놀음에 경쟁하고, 정부의 각급 기관은 일제의 충견들에게 접수되었다. 어디에서도 신생의 빛은 보이지 않았고 먹구름이 조선 천지를 뒤덮었다.

　그는 20대에 동연배의 누구 못지 않는 다채로운 청년기를 보내었다. 만민공동회 참여→영천학계 결성→공업잡지 창간→중동야학교 교장 등 일반 유생들이 걷는 길과는 전혀 다른 분야에 참여하거나 개척하면서 국민계몽과 국권회복운동에 젊음을 바쳤다.

또 다른 분야가 있었으니, 그것은 대종교운동이다. 을사오적 처단 결사에 함께 했던 나철이 1910년 8월 5일 단군교를 대종교로 개칭(중광)하면서 두 사람은 더욱 가까운 사이가 되었다. 기울어져가는 나라를 바로 세우고 절망감에 빠져 있는 국민들에게 희망을 불어넣기 위해서는 국조(國祖)인 단군을 신앙의 매체로 하여 국민 정신을 모으는 데 있다고 보았다.

단군교는 단군조선 시대부터 명칭을 달리하면서 면면한 전통으로 이어졌다. 부여에서는 대천교, 예맥에서는 무천, 마한에서는 천군, 신라에서는 숭천교, 고구려에서는 경천교, 발해에서는 진종교, 고려에서는 왕검교, 만주에서는 주신교, 기타 다른 지역에서는 천신교라 불리면서 개국주(開國主) 단군을 받들었다.

단군숭배사상을 바탕으로 하는 단군교는 고대시대부터 단군을 시조(始祖)·국조(國祖)·교조(敎祖)로 신봉하면서 명맥을 이어왔다. 불교가 들어오면서 단군교는 사찰 본당과 대웅전의 뒷켠 삼신각에서 간신히 잔명을 유지하고, 유교가 국교가 되면서는 공자나 주자에 밀려났다. 기독교(천주교)가 유입되면서 '우상'으로 전락되고 일제강점기에는 말살의 대상이 되었다.

단군(교)의 존재가 역사현장에 새롭게 등장한 것은 고려시
대 몽골제국에 맞서 싸우면서 내부적으로 민족의식·민족적
일체감이 형성되면서부터이다. 안으로는 무인정권의 폭압에
시달리고 밖으로는 세계를 제패한 몽골의 침략으로 국토가
쑥대밭이 된 민족수난기에 내적인 민족통합의 정신적 일체
감이 단군을 구심으로 하여 형성되었다.

이 시기에 단군을 국조로 하는 일연 선사의 『삼국유사(三國
遺事)』와 이승휴(李承休)의 『제왕운기(帝王韻記)』가 편술된 것은
결코 우연이 아니었다. 민족적인 위기를 국조를 중심으로 극
복하려는 의지의 소산이었다.

몽골제국이 13세기 초에서 중엽까지 80여 년 동안 고려의
정치에 간섭할 때 나타난 단군교가 20세기 초 일제의 침략
으로 다시 국권이 위태로와지면서 국권회복의 구심체로서
부활하였다. 몽골침략 이후 7백여 년간 단절되었던 단군교가
1910년 8월 5일 나철이 대종교로 교명을 개칭하면서 국난극
복의 '구원투수'로 등장시켰다.

엄격히 말하면, 선생은 비단 혁명가일 뿐만 아니라 종교가이기도
했다. 선생께서는 한국을 광복한다는 일을 오로지 하나의 공작이

나 포부로만 생각 않으시고 일종의 종교요, 일종의 신앙으로 보셨던 것이다. 그러므로 선생께서는 더욱 정의(正義)에 대해서나 혁명에 대해서나 벗에 대해서나 청년에 대해서나 한결같이 솔직하고 참된 마음과 곧은 의협심을 보이셨던 것이다. 실제로 선생은 원래 한 종교도(宗敎徒)라 할 수 있다. 국내에 계실 때 선생은 은인인 대종교의 종사 나홍암(羅弘巖, 이름은 喆) 선생에게 세례를 받고 대종교를 매우 독실히 믿으셨다.*

국치를 눈앞에 두고 있는 참담한 시기에 이들은 국민정신을 하나로 모아 일제에 저항하고자 대종교의 중광에 힘을 쏟았다. 하지만 이를 간파한 총독부의 온갖 탄압으로 포교활동이 쉽지 않았다.

■ 나라는 망하고, 그 원인을 규명

1910년 8월 22일, 운명의 날이 밝았다. 이날 서울의 최고 기온은 섭씨 29도(일본 신문 보도)가 넘는 늦더위가 기승을 부리고 있었다. 을사늑약이 체결되던 날의 을씨년스러웠던 날

---

* 민필호, 『전집』②, 319쪽.

씨와는 또 달랐다. 이날 이른 아침 용산에 주둔하고 있던 일본군이 분주하게 한성(서울)부내로 이동하였다. 완정무장한 일본군은 한성부 내의 요소요소에 분산 배치되었다.

서울 남산에는 일본군의 대포가 창덕궁과 덕수궁 등 왕궁을 겨냥하고 시민들이 많이 모이는 종로 거리를 향해 정조준을 하고 있었다. 서울 거리에 15보(步) 간격으로 일본 헌병 한 명씩이 배치되어 삼엄한 경계망을 펴고 있었다. 계엄령과 같은 분위기였다. 일본 헌병과 경찰은 한국인 두 세 명만 모여도 강제로 해산시키고 저항하면 사정없이 폭행하면서 끌어갔다.

일제는 위협과 강압 그리고 황제의 서명도 없는 병탄조약을 쿠데타적 수법으로 강행하였다. 대한제국을 병합한 문건은 형식상으로는 대한제국의 황제가 일본의 황제에게 통치권의 양여를 자청하여서 일본 황제가 이 요청을 수락한 것으로 꾸며져 있다. 병탄조약에 서명한 '경술7적'은 다음과 같다.

경술 7적
총리 이완용
내부대신 박제순
탁지부대신 고영희
농상공부대신 조중응
궁내부대신 민병석

시종원경 윤덕영

중추원의장 김윤식

일제가 대한제국을 병탄할 때 얼마나 교활하고 강압적이었는지, 그리고 경술7적의 반민족 행위는 역사의 필주를 받아 마땅하다. 그런데 8월 22일 늑약을 체결하고 1주일 뒤인 29일 발표하였다. 이유는 순종황제의 즉위 3주년 축하행사를 치룬 다음에 해달라는 요청 때문이다. 나라를 망치고도 순종의 즉위 행사를 거행하려는 망국군주와 매국대신들의 행태는 차마 역사에 기록하기도 부끄러운 비사(悲史)라 하겠다.

망국의 비보를 들은 신규식은 다시 음독자결을 시도하였다. 그런데 함께 있던 나철의 제지로 이번에도 실패하고 말았다. 살아 남아서 광복운동을 벌이자는 설득이었다. 병탄 후 하루가 다르게 급속히 황폐되어가는 조선사회의 시대상을 「생각한 바를 읊노라」는 제하의 시를 지었다.

청산은 옛 모습을 잃고

낙엽은 지는 가을 알리네

밉살스럽구나 돈에 미친 장삿군들

다투어 관장사에 달라붙으니.*

━━━

* 김동훈 외 편역, 『신규식 시문집』, 민족출판사(북경), 1998, 6쪽.

망국노의 신세가 된 그는 향후 해야 할 일을 구상하면서 나라가 망하게 된 원인을 분석하였다. 중국 망명 초기에 쓴 『한국혼』의 한 대목이다.

아아! 우리나라가 망한 원인은 법으로 다스려야 할 정치가 문란해지고 기력이 쇠약해지고 지식이 트이지 못하는 데다 쓸데없이 남에게 아첨하며 게으르고, 공연히 자존심만 세우거나 지나치게 열등감을 느끼며, 파벌을 만들어 싸우는 등 여러 가지를 들 수 있다. 그러나 내 생각으로는 이런 여러 가지 원인은 모두 하늘이 주신 양심을 잃은 것에 지나지 않으며, 이 양심을 잃은 것은 또한 일종의 건망증을 낳게 하였으니, 첫째 선조들의 가르침과 종법을 잊었고, 둘째 선민(先民)들의 많은 공로와 쓸모 있는 재능을 잊었고, 셋째 국사(國史)를 잊었고, 넷째 국치(國恥)를 잊어버렸으니, 이렇게 잊기를 잘하면 나라는 망하기 마련이다.*

---

* 예관신규식전집편찬위원회, 『전집』①, 54~55쪽.

제8장

중국 망명길에 나서다

■ 중국의 변화소식을 들으며 망명준비

절망적인 상황이었다. 변변한 저항 한 번 해보지 못한 채 500년 사직을 빼앗긴 고종과 순종 그리고 왕족들에게 진저리를 쳤다. 중신들의 매국행위는 말할 나위도 없었다. 특히 순종의 처신은 무능을 넘어 머저리였다. 이토 히로부미가 안중근 의사에 의해 처단되자 지레 겁을 먹고 의거 다음 날 시종원경 윤덕영(尹德榮), 승녕관총관 조민희(趙民熙), 총리대신 이완용, 한성부민회장 유길준(俞吉濬) 등으로 제1차 조문단을 구성하여 이토의 유해가 머문 중국 다롄으로 파견하였다.

당일 오후에는 직접 통감부에 마련된 빈소를 찾아 조문하고, 총리 이완용을 통해 3일간 서울 일원에 음주가무 금지령을 내렸다. 이어 일본에서 거행된 이토의 장례식에 민병석(閔丙奭)·조중응(趙重應) 등 대한제국 대신들로 제2차 '조문사죄단'을 보내면서 유족에게 은사금 10만 원(현재 시가로 약 20억 원)을 전달했다. 정부 주최로 장충단에서 국장급 수준의 이토추도식을 거행하였다. 한성부민회는 이토추도회 개최하는 등 국민적인 공분을 불러일으켰다.* 이들의 '동상이몽'적인 관계는 더 이상 지속될 수 없었다. 특히 일진회의 이른바 '한일합방청원서(韓日合邦請願書)'으로 갈등은 심화되었다. 한성부민회를 비롯한 많은 단체에서 일진회원을 축출하기에 이르렀다. 대한협회와 서북학회처럼 자강운동을 표방한 단체들도 이를 계기로 친일적인 본질을 그대로 드러나고 말았다. 이 자리에서 전국 유림을 대표한다는 무리들이 일왕에게 사죄를 청하는 '사죄사'를 읊조렸다.

일찍이 을사오적 처단에 나섰다가 뜻을 이루지 못했던 신규식은 그때 이완용 등을 죽이지 못한 것을 두고두고 개탄하면서 이제 이씨 왕조에 대해 모든 것을 접었다. 목숨을 끊고자 했으나 지금까지 살아남은 것은 새로 할 일이 있으리라

---

* 김형목, 「자강운동기 한성부민회의 의무교육 시행과 성격」, 『중앙사론』 9, 중앙사학연구회, 2007.

자위하며 그 길을 모색하였다. 나철과 자주 만나서 대종교의 중흥방안을 논의하고, 국내에서는 총독부의 감시로 활동이 어려워 망명의 길을 찾기로 하였다.

국치를 전후하여 신채호를 비롯 지인과 동지들이 속속 해외 망명에 나섰다. 대부분이 만주나 러시아령 해삼위였다. 그쪽에 우리 동포들이 많이 살고 있고, 의병·독립운동을 전개해왔기 때문이다.

국적 이토의 죽음에는 온갖 호들갑을 떨던 순종이나 정부대신들은 막상 국치에는 이렇다할 저항이 없었다. 지배층은 일제에 빌붙어 새 주인이 먹다남은 뼈다귀라도 넘보기에 여념이 없고, 우국지사들은 새 길을 찾느라 숨죽이고 있었다. 이 틈을 노리고 일제는 조선귀족령을 반포하여 구한국의 고관 72명에게 작위를 주고 고종과 왕세자를 비롯하여 왕족에게는 세비를 주어 달랬다.

1911년 1월 신민회사건을 날조하여 민족주의자 600여 명을 검거하는 등 무단통치를 자행으로 조선인을 공포에 몰아넣었다. 가깝던 동지들도 검거되었다. 그동안 신규식이 간여했던 학교뿐만 아니라 민족주의 계열의 학회·학교가 대부분 해산되거나 폐교되기에 이르렀다. 어디에도 비비고 설 곳이 없었다. 말 그대로 창살없는 감옥으로 변했다.

그는 중국에서 공화혁명을 이끌고 있는 쑨원에 많은 관심을 쏟았다. 젊은 시절 하와이에서 공부하고 다시 홍콩에서 서양 의학을 공부한 뒤 마카오(澳門)와 광저우 등지에서 의술활동을 했다. 광서 20년(1894) 리훙장(李鴻章)에게 개혁과 자강을 주장하는 글을 보냈으나 거절당했다. 같은 해 하와이에서 혁명적 비밀결사인 흥중회(興中會)를 결성하고 이듬해 홍콩에서도 흥중회를 성립시켜 광주에서 기의하려다 탄로나 일본으로 망명했다.

이후 서구 여러 나라를 돌아다니며 그들의 정치·경제를 연구하고 혁명활동을 위한 자금을 확보했다. 광서 31년(1905) 일본에서 중국혁명동맹회를 결성하고 총리에 선출되었다. 이때 『민보(民報)』를 발행하여 동맹회의 삼민주의(三民主義 : 민족·민권·민생) 강령을 널리 홍보했다. 신규식의 망명 이듬해인 1911년 신해혁명을 주도하고 중화민국 임시정부를 수립했으며, 1912년 1월 1일 임시 대총통에 취임했다.

신규식은 만민공동회를 통해 민족·민권·민생의 주요성을 터득하고, 『황성신문』과 신채호가 주필이던 『대한매일신보』의 지면에서 새로운 국제질서의 흐름과 시대정신을 취득하였다. 거대한 중국대륙, 잠자던 중국인민을 일깨워 공화주의 혁명에 나선 쑨원은 그에게 롤모델이었다. 그리고 만주나 해삼위가 아닌 상하이를 택한 것은 공화혁명의 발상지일 뿐만 아니라 향후 독립운동의 거점을 마련하는 데는 국제도시인 상하이여야 한다는 판단을 하기에 이르렀다.

■ 32세, 망명길에 올라

고국을 떠나기로 결심하고 신변 정리를 서둘렀다. 그동안 민족운동에 뜻을 같이해온 박찬익·조성환(曹成煥)과 만나 향후 대책을 상의하면서 의형제를 맺었다. 세 사람은 앞서거니 뒤서거니 차례로 망명하고 이후 오랫동안 독립운동과 대종교 활동을 함께 하였다.

예관의 망명준비는 은밀하게 진행되었다. 망명자금 마련을 위해 그는 우선 분원자기공장을 처분했다. 그리고 궁골 15칸의 초가집(서모 이씨 몫)도 처분했다. 그러나 액수는 불과 7백여 원에 지나지 않았다. 어림없는 액수였다.

그는 장안의 부자 정두화(鄭斗和 : 김가진의 며느리 정정화 오빠)와 예산 정명선(鄭明善)에게 협조를 구해 상당한 액수를 얻어

냈다. 또 광업회사의 외상을 거둬들이고 지출을 일체 중지하여 현금을 꽁꽁 뭉치니 모두 2만여 원(일설일 뿐 정확한 액수는 아님)이 되었다. 쌀 한 가마에 2원 50전 할 때이니 2만 원이면 큰 돈이었다. 계획을 세운지 6개월 여 만의 결실이었다.

그는 미안스런 생각도 다소 들었다. 언제나 인자하고 끔찍이도 자기를 위해주는 서모의 집을 판 것과 또 이해와 협조를 아끼지 않는 선배 윤치소에게 한 마디의 상의도 없이 회사 돈을 몽땅 거두어 들였으니 그들을 볼 면목이 없었다.*

고향에 내려가 종친 신백우를 만나 망명의 뜻을 전하고 관립외국어학교에 다시는 동생 건식에게도 알렸다. 친구들이 총독부 경찰에 속속 구속되고 있어서 망명 준비는 비밀리에 급속히 추진되었다. 하여 그동안 더불어 일해오던 동지·친지들에게 제대로 인사를 나누지 못하였다. 망명을 떠나면서 맏형님 정식에게 시문을 보냈다. 부모님께는 크게 놀라실까 염려하여 알리지 않았던 것 같다.

날 낳아 기르신 부모님이 계신데
허둥대며 떠나느라 인사도 못 올렸네
천하를 위한다는 것도 빈 이름 뿐

---

* 이이화, 「신규식」, 『인물 한국사』, 242쪽.

훗날 불효자란 말 어이 감당하료.*

망명 직전에 친구 중의 하나가 일경에 구속되었다. 다음은
「행장을 꾸미며 - 벗의 체포소식을 듣고」이다.

오늘밤은 새장에 갇힌 새이지만
내일은 바다 위의 갈매기 되리
별안간 세찬 풍광 소리 들리니
그 누가 나와 함께 배를 타리오.**

1911년 초봄, 32세의 젊은 망명객은 생전에 다시 못오게 되
는 고국산천을 뒤로 하고 홀연히 길을 떠났다. 압록강을 건너
안둥현(현 단둥시)에 도착하여 하룻밤을 묵고 아침 일찍 사하진
을 출발, 요양의 고려문을 지나 센양에 도착하여 이곳에서 하
루를 묵었다. 그리고 센양을 출발하여 산하이관을 지나 베이
징으로 들어갔다.*** 산하이관에 이르러 시 한 수를 지었다.

청구 땅엔 해가 지고
산해관에 하늬바람 불어치는데
충정으로 불타는 섭군의 말삼

* 예관신규식전집편찬위원회, 『전집』 ②, 97쪽.
** 예관신규식전집편찬위원회, 『전집』 ①, 99쪽.
***김동훈 외 편역, 『신규식 시문집』, 7쪽.

이 가슴 한없이 후덥쳐주네.*

■ '소년의 피눈물' 지으며 망명길 재촉

망명길은 온갖 고초가 따랐다. 그나마 다행인 것은 한어(중국어)가 통하여 중국인들과 대화가 가능한 것이다. 18세 때에 관립한어학교에 들어가 중국어를 배운 것이 큰 도움을 주었다. 게다가 대한협회에서 활동할 시기 『대한협회회보』에 실린 「해외정형(海外情形)」·「외국정황(外國情況)」 등의 외신을 통해 중국정세를 어느 정도 파악하고 있었다. 옌징에 도착하여서는 먼저 이곳에 와 있던 무관학교 동기생 조성환을 만나 중국의 사정을 구체적으로 들을 수 있었다.

신규식은 1909년부터 1922년까지 10여 년 동안 160여 수의 율시와 산문시를 지었다. 국치 전야에서 중국 망명 기간 동안에 자신의 심정을 진솔하게 담았다. 『아목루(兒目淚)』 "나라를 빼앗긴 소년의 피눈물"이란 제목이 말해 주듯이, 망명

* 신승하, 「예관 신규식의 중국혁명당인과의 관계」, 『김준엽교수화갑기념논총(중국학논총)』, 중국논총간행위원회, 1983, 596쪽.

객의 아픔과 슬픔을 현지에서 그때 그때 지은 기록이다. 여기에서 그가 거쳐 간 망명길의 코스를 살필 수 있다. 「서울을 떠나 압록강을 건너며」이다.

　강물은 저와 같이 흘러가는데
　언제나 다시 동으로 돌아올까
　수없이 많은 열혈 인사들
　박랑사에서 환호성 부르리라.*

　박랑사(博浪沙)는 한나라가 진나라에 멸망하자 장량은 원수를 갚고자 창해역사에게 철퇴를 들려 시황제를 저격케 하였는데 빗나가서 시황제의 부거(副車)를 맞쳤다는 고사를 원용하였다. 그에게 시황제는 바로 우리 한민족을 억압하는 일본 제국주의였다.
　압록강 건너 안동에 도착하여 여관에서 일박하면서 「안동현 1번지에 도착하여」를 지었다. 먼 길을 오느라 봄날의 흙먼지를 뒤집어 쓴 초췌한 망명객의 모습이 드러난다.

　귀신 형상에 먼지 투성이 되어
　흐트러진 머리에 모자도 없이

---

* 　예관신규식전집편찬위원회, 『전집』 ①, 100쪽.

세 조각 문창호지로 싼 봉지에
구멍 약 몇 봉지 싸서 넣었네
나라 잃은 아픔은 사무치는데
갈 길의 어려움이 웬 걱정이람
안둥 고을에 이르러 내렸으나
벗들도 내 얼굴 못 알아 보누나.*

며칠 만에 무사히 옌징(燕京)에 도착하였다. 청나라가 이곳에 도읍을 정한 이래 옌징은 우리 민족에는 숱한 애환이 서린 곳이다. 해마다 철마다 조공·동지사 등이 이곳을 드나들며 국제정세를 파악하던 현장이었다. 이곳에 도착하여 곧바로 조선의 영사관을 찾았다. 물론 을사늑약 이후 폐쇄되었다. 아련한 추억과 더불어 망국노의 한심한 신세를 더욱 절감하는 분위기였다.

한 번 서울을 떠나 어언 삼천리 길
해질녘 옌징에서 옛 친구를 찾았네
말 없이 눈물지으며 이윽히 마주보니
중화 땅의 소식 정녕 진실이었던가.**

* 예관신규식전집편찬위원회, 『전집』 ①, 101쪽.
** 예관신규식전집편찬위원회, 『전집』 ①, 105쪽.

옌징에서 1주일 가량 머물다 톈진에 이르러 프랑스 조계의 한 여관에서 숙박하였다. 누구도 아는 사람이 없는 말 그대로 외지였다. 이국 땅에서 느끼는 감정은 외로움과 호기심을 자극했다.

톈진의 다리 위로 미인들 오가고
불조투에선 세상사 논하는구나
주인장은 내 마음의 고충 아는 듯
무슨 장사하느냐고 친절히 묻네.*

---

* 예관신규식전집편찬위원회, 『전집』①, 108쪽.

제9장

상하이에 터를 닦다

▌ 진보언론 『민립보』 기자와 만나

목적지는 상하이였다. 칭따오(青島)를 거쳐 자오저우만(膠州灣)에서 상하이행 영국배를 탔다. 선실 안은 온통 아편 흡연자들이어서 잠을 잘 수도, 음식을 먹기도 어려운 아수라장이었다. 영국이 인도에서 재배한 아편을 중국과 만주에 대량으로 내다 팔아 남녀를 불문하고 수많은 아편중독자가 생겼다. 이로 인해 1840~42년 중국과 영국의 아편전쟁이 일어나기도 했지만, 중국인들 사이에 아편은 여전히 중독상태에 있었다. 「교주만에서 상해로 가는 길에」란 시에 저간의 사정이 담긴다.

무슨 놈의 독극물 이기에
지나는 길마다 멸망이냐
영국 장사치들의 무도함이여
중국인들 스스로 화를 자초하누나
너희를 미워한다 탓하지 말라
넘치는 죄악을 또한 알리라
훗날 헤이그 회의 다시 열리면
단연코 네 놈들을 멸종하리라.*

그가 상하이를 망명지로 택하고 이곳에 독립운동의 기지
를 마련한 것은 현실적인 국제 감각에 따른 처사였다.

상해는 일찍이 아편전쟁으로 인하여 체결된 남경조약의 결과 처음
으로 개항된 이래 청대(淸代)의 유일한 개항장이었던 광주(廣州)를
능가하여 크게 발전하였다. 때문에 당시 국내외의 교통이 편리하
였을 뿐만 아니라 또한 서방 열강의 조계지가 설정되어 있어 청의
간섭을 피할 수 있었다.
이밖에도 일찍부터 서양인들이 서방근대문명을 이식시켜 인쇄 ·
통신시설이 비교적 잘 되어 있었으므로 중국 혁명당인들이 혁명을
선전하고 여론을 불러일으키는 등 그들의 활동을 전개해 나가기가
좋게 되어 있어 이미 중요한 중심지가 되었다. 따라서 전국적으로
영향을 끼칠 수 있는 중국 혁명당인들의 잡지나 신문들이 이곳에

---

* 예관신규식전집편찬위원회, 『전집』①, 111쪽.

서 많이 출판되고 있었다.*

천신만고 끝에 상하이에 도착했으나 반겨줄 사람이 아무
도 없었다. 그는 개척자였다. 한인이 수십 명 살았으나 생업
이 어려워 낯선 동족을 안내할 여유가 없었다. 이름을 정(檉)
이라 고치고 다음날부터 활동에 나섰다.(특별한 경우 아니면 여기
서는 이후에도 신규식으로 표기) 그는 결심하면 행동에 옮기는 실
천자였다.

상하이에서 처음으로 만난 사람은 중국 『민립보(民立報)』의
기자(사원) 쉬톈푸(徐天復), 이명 쉬쉐얼(徐血兒)이다. 어떤 연고
로 그를 만나게 된 것인지는 알려지지 않았으나, 그와의 만
남은 향후 진로에 큰 영향을 주게 되었다. 상하이에서 발행
되는 『민립보』는 하루 2만 부를 발행하는 진보적인 신문으
로 신해혁명을 주도하는 인물들이 다수 참여하고 있었다. 그
는 「민립보사원 쉬톈푸(쉬쉐얼)에게 주다」에서 다음과 같이
썼다.

다행히 쉬톈푸(서천복)을 만나니
기꺼이 사귀길 바랐던 일

---

* 신승하, 「예관 신규식의 중국혁명당인과의 관계」, 『김준엽교수화갑기념논총
(중국학논총)』, 597쪽.

붓 끝은 천근같이 무겁고
양미간에 근심만 서리네
해동엔 일월이 없으나
호상(滬上, 상하이 별칭)엔 춘추가 있네
당시『호상춘추』역시 군의 저술이라
혹시 나를 인정하신다면
애써 같은 뜻을 다져 보지요.*

　서혈아와 처음 만날 때부터 두 사람은 쉽게 마음이 통하였
다. 조선의 망국노 망명객과 서구열강으로부터 침략을 받고
있는 중국 지식청년은 뜻을 같이 하고, 이후 그를 통해 자연
스럽게 중국혁명의 요인들과 접촉할 수 있었다. 그리고 중국
혁명동맹회에 가입하고 지도자 쑨원과도 만나게 되었다.

■ 신해혁명에 참여하다

　쉬텐푸를 통해 중국혁명 요인들을 차례로 만나게 되었다.
유창한 중국어와 해박한 식견 그리고 두 나라가 외세의 침략

---

* 　예관신규식전집편찬위원회, 『전집』①, 112쪽.

을 겪고 있는 동병상련이 서로 믿음을 갖게 만들었다. 쉬톈 푸의 주선으로 쑹자오런(宋敎仁)과 만나고 이어 황싱(黃興)·천 치메이(陳其美)·천궈푸(陳果夫) 등 혁명당 간부들과 사귀게 되었다. 얼마 뒤에는 쑨원과도 만났다.

예관은 쑨원이 상하이로 오자 다른 혁명당인들과 함께 쑨원을 만날 수 있었다. 쑨원은 일본에서 중국동맹회를 조직하고 일본의 지원이 필요한 입장에 있었으나 그가 영도하는 중국혁명 자체가 일종의 제국주의에 반항하는 민족복권운동이었다. 이 때문에 그 밖의 약소민족이 독립·해방을 쟁취하려는 일에 대하여 처음부터 무한한 동정과 지지를 해주었다. 이에 따라 우리나라가 일본에게 망하게 된 일에 대하여 의연히 엄하고 바른 비판 및 일관된 주장을 갖고 있었다.*

중국혁명동맹회(中國革命同盟會)는 광서(光緖) 31년 쑨원의 영도 아래 기존 혁명단체인 홍중회와 화홍회가 연합하고 광복회가 연계하여 일본 도쿄에서 성립했다. 구성원은 각 단체의 회원과 일본 유학생이 주류를 이루고 홍중회 조직이 핵심을 담당했다. 창립대회에서는 황싱이 기초한 「동맹회장정(同盟會章程)」을 통과시키고 본부를 당시에는 도쿄에 두기로 했다.

---

* 신승하, 「예관 신규식의 중국혁명당인과의 관계」, 『김준엽교수화갑기념논총 (중국학논총)』, 605쪽.

또 쑨원이 총리에 추대되고, 하부 기관으로 집행부·평의부·사법부를 두었다.

집행부는 총리가 통할하되 그 아래 서무과 등 6과(科)를 두었다. 서무과의 장은 황싱이 맡았다. 동맹회의 기본 강령은 쑨원이 제창한 '민족·민권·민생'의 삼민주의이며, 실천강령은 "구축달로(驅逐韃虜 : 만주족 통치세력의 축출), 회복중화(恢復中華 : 한족 정권 수립), 건립민국(建立民國 : 민주공화국 건설), 평균지권(平均地權 : 토지제도의 공평화)"의 16글자였다.

동맹회 성립 이후 바로 무장 봉기를 실천에 옮겨 이듬해부터 평향(萍鄉)·유양(溜陽)·예릉(醴陵)의 농민기의를 시작으로 조주(潮州) 황강(黃岡)기의, 후이저우(惠州) 칠여호(七女湖)기의, 진남관(鎭南關)기의 등을 일으켰다. 선통(宣統) 3년(1911)에는 전국 규모의 신해혁명을 이끌었으며, 민국 원년(1912) 국민당으로 개조되었다.

신규식은 개명한 신정이란 이름으로 중국혁명동맹회에 가입하였다. 그리고 우한기의(武昌起義)로부터 시작되는 신해혁명에 한국인으로서는 유일하게 참여한다. 대한제국 무관학교 장교출신 이어서 가능했다. 그의 신해혁명 참여는 이후 한국독립운동에 중국인과 중국정부의 지원받는 계기가 되었다.

중국은 엄청난 변혁으로 소용돌이치고 있었다. 청나라 선통(宣統) 9년(1911) 10월 10일 각지에서 민중소요가 전개되었다. 신해혁명의 발발이다. 당시 조정이 서구 제국주의 세력에 모든 이권을 팔아먹으면서 나라를 좀먹고 개인의 치부에만 몰두함에 따라 청조 타도를 목적으로 하는 봉기했다.

신축조약(辛丑條約)의 결과 중국이 서구 열강의 반(半)식민지로 전락했음에도 불구하고 청국의 통치자는 권력 유지에 몰두하며 사치, 부패 생활에만 빠졌다. 이에 따라 1905년 쑨원 등이 혁명단체인 중국동맹회를 만들어 국내외에서 혁명 역량을 키워나갔고 각지의 무장 봉기를 지원했다. 1911년 각지에서 보로(保路)운동이 일어나고 급기야 10월 10일 우한에서 혁명파에 의한 우한기의가 터지면서 신해혁명에 불을 지폈다. 우한에서 호북군정부(湖北軍政府)가 성립된 후 2개월도 되지 않아 전국 각 성(省)이 독립을 선포했다. 이듬해 1월 1일 혁명정부인 중화민국 임시정부가 난징에서 탄생하고 쑨원이 임시대총통에 선출되었다.

그해 2월 쑨원은 청 황제의 퇴위를 조건으로 청나라 정부의 내각총리대신 위안스카이에게 총통직을 양보했으며, 2월 12일 선통제(宣統帝)가 위안스카이의 강압에 의해 퇴위했다. 이로써 청왕조는 멸망했다. 그러나 위안스카이는 임시정부가 정한 임시약법(臨時約法)을 무시하고 독재를 휘두르는 한

편 서구 열강 세력과 영합했으므로 혁명은 성공을 거두지 못하고, 2차 혁명(1913)으로 이어졌다.

■ 가깝던 중국혁명 동지들 잃고

중국의 국민혁명은 급속히 진척되었다. 1911년 10월의 신해혁명이 성공하면서 쑨원이 초대 임시대통령에 당선됨으로써 신규식은 그의 정치적 성향으로 보아 우리나라 독립운동에 크게 도움이 되리라고 믿고 기대하였다. 두 수의 시를 지어 그를 찬양하였다. 「손중산에게」의 '촉수오산'은 촉나라 물과 오나라 산악이란 뜻으로 여기서는 중국 전역을 가리킨다.

손중산대통령을 축하하여
공화국 새 세상 만들어내여
낡은 세상 새로이 돌려세우니
사해의 만백성 반려들 하며
손중산 우러러 받들어 모시네.

손중산에게
촉수오산의 길 평탄치 않아도
그대는가시덤불 헤쳐왔어라
피어린 싸움으로 키워온 포부
만백성 모두 다 그대를 환호하네.*

중국혁명은 그러나 위안스카이의 권력욕으로 역진의 길에 빠져들었다. 쑨원의 양설로 총리 자리에 올라서는 공화정치 대신 엉뚱한 황제 등극의 야심을 안고 혁명노선과 역행하기 시작했다. 엎친데 겹친 격으로 쑨원의 측근으로 신해혁명을 이끌던 쑹자오런이 위안스카이의 하수인들에게 암살되었다. 누구보다 신규식을 이해하고 혁명노선을 함께 했던 그의 돌연한 죽음에 망연자실, 사흘 동안 절식을 하며 애통해 하였다. "송교인 선생이 피살되었을 때에는 선생의 비통은 더할 바 없어 극도에 달해 사흘을 두고 절식하시여 비통한 애도의 정념을 지으셨고 또한 몇몇 호국의 지사를 규합하시어 추도회를 열어 정중히 추도를 하니 국민당의 선열이 죽음을 당하고 외국인에게 추도를 받는 일도 이것이 처음이라 하겠다."**고 술회하였다.

---

* 김동훈 외 편역, 『신규식 시문집』, 78~79쪽.
** 민필호, 『전집』 ②, 313쪽.

얼마 뒤에는 가까웠던 중국인 동지 천치메이 역시 반혁명 세력에게 상하이에서 암살당하였다. 그는 이번에도 가장 먼저 조문을 가서 머리와 얼굴이 온통 피투성이가 되어 있는 시신을 부여안고 통곡하여 중국혁명당인들을 놀라게 하였다.

이와 같이 예관이 중국에 와 혁명당인과 가까이 지냈던 쑹자오런과 천치메이가 세상을 떠나고 뒤이어 황싱마저 세상을 떠났으나, 혁명당인들이 근간이 된 이후의 중국 안의 변화는 계속 그들로 하

중국혁명가 천치메이

여금 우리나라의 독립운동을 지지하여 주도록 해 주었다. 특히 천치메이의 혁명정신과 국민당 안에서의 사업은 그의 질(姪)인 천귀푸(陳果夫)에게 연결되어* 국민정부와 이후 성립된 대한민국 임시정부와의 관계가 더욱 밀착되도록 되었다.**

---

* 호춘혜, 「진과부와 한국독립운동」, 신승하, 「예관 신규식의 중국혁명당인과의 관계」, 『김준엽교수화갑기념논총(중국학논총)』, 재인용.
** 신승하, 「예관 신규식의 중국혁명당인과의 관계」, 『김준엽교수화갑기념논총(중국학논총)』, 610쪽.

독립운동기지 설치하다

■ 상하이 독립운동기지 동제사를 창설

혁명에는 반혁명세력이 나타나기 마련이다. 프랑스혁명이
나 러시아혁명도 그랬다. 중국혁명 역시 다르지 않았다. 하지
만 한번 뿌려진 혁명의 씨앗은 쉽게 사그라들지 않는다. 신
해혁명은 위안스카이의 반동기를 겪으면서도 중국인민들의
가슴 속에서 토양을 넓혀갔다.

쑨원이 1912년 1월 1일 난징에서 중화민국이라는 혁명정부
를 선포하면서 "민(民)의 공의를 취하고 중(衆)을 위해 복무한
다."는 총통취임 선서문은 제국에서 민의 나라로 바뀌었음을
선언하였다. 2천 년의 군주제도가 무너지고 근대적 공화정

정부를 선택한 것이다.

무엇보다 인민들에게 다가온 것은 쑨원이 발표한 혁명정책이었다.

① 아편의 재배 및 흡연금지
② 여성의 전족금지
③ 가혹한 형벌의 금지
④ 인신매매 · 도박의 금지
⑤ 천민신분의 해방

신규식은 1912년 5월 20일(음) 박은식·이광·박찬익 등 애국지사와 민필호·임의탁 등 유학생들과 더불어 동제사(同濟社)를 창설하였다. 동제사란 '동주공제(同舟共濟)'의 줄인말로써 한인들의 친목융화와 간난상구를 내세운 친목단체를 표방한 것이지만 진정한 목표는 국권회복에 있었다.

동제사는 이후 이곳으로 온 김규식·신채호·홍명희·조소앙·문일평·여운형·선우혁·정인보·신석우·신건식·조성환 등 망명인사들이 속속 참여하고 조직이 확대되어 베이징·톈진·만주 등 중국지역과 노령·미주·일본 등지에 지사를 설치하였다. 회원이 많을 때는 300여 명에 이르렀다.

신규식은 동제사의 이사장을 맡고 박은식을 총재로 선임

하였다. 국내에서 민족운동을 할 때부터 대부분이 동지간이고 상당수가 대종교 신도들로서 '국혼적' 역사관과 강한 민족주의 성향에서 뜻이 일치하였다. 7월 4일 동제사 창립식이 거행되었다. 신규식은 진정어린 언변으로 이사장 취임사를 하여 참석자들을 감격시켰다.

> 동지 여러분! 오늘 꺼우리팡스끼리 모여서 이 동제사를 만들었습니다. 왜 우리는 망국민이 되었을까요? 그것은 무엇보다 사심과 파벌의식이 우리의 혈관속에서 짙게 작용했기 때문입니다. 전혀 일본이 악독해서만은 아닙니다. 조국광복을 쟁취키 위해서는 우리 내부에 작용하고 있는 사심과 파벌을 없앱시다. 남의 땅에서 온갖 수모를 겪으며 조국광복에 헌신하고 있는 우리에게 무슨 기호(畿湖)와 서북(西北)이 있겠으며 경상도와 전라도가 있겠습니까? 몬네칼로는 25만 명의 국민으로 나라를 보전하고 있습니다. 우리는 온갖 치욕과 수모를 받을 지라도 참고 견디며 뭉칩시다.*

동제사는 이후에 신규식이 중국 혁명당인들과 함께 설립한 협력단체인 중국신아동제사를 통하여 중국혁명세력의 지원을 확보하면서 외교와 교육활동을 하였다. 동제사는 1910년대 초기부터 중국 관내에서 가장 두드러진 활동을 전개한 독립운동의 전위조직이 되었다. 무엇보다 상하이를 독립운

---

* 이이화, 「신규식」, 『인물한국사』, 247쪽.

동의 전진기지로 만드는 데 큰 기여를 하였다.

신규식은 중국 혁명인사와 연대·결속하는 일이야말로 대단히 중요하다고 판단했다. 남의 국가에서 펼치는 독립운동이라면 두 가지 도움이 필요했다. 하나는 그 나라 인물의 도움이고, 다른 하나는 나아갈 방향, 곧 신해혁명으로 나타난 새로운 사회를 지향하는 정치문화의 수용이다.

이러한 것을 충족할 수 있는 인물이 바로 상하이와 난징을 중심으로 활약하던 혁명인사였다. 신규식이나 박은식 등 한국 독립운동가들이 중국 혁명인사와 연대를 형성한 이유도 거기에 있다. 신규식이 앞장서서 조직한 신아동제사는 바로 그러한 활동의 결실이다.[*]

동제사는 지하비밀 단체였기에 공개적인 활동은 쉽지 않았다. 그럼에도 각종 자료에 따르면 여러 가지 구국활동을 전개하였음이 드러난다. 한 가지 사례이다.

동제사의 주요인사인 신규식·박은식·조성환 등은 북미합중국과 미국령 하와이 지방에서 보내주는 『신한민보』·『국민보』 등을 받아서 안둥현으로 보내면 박광(朴洸)·백세빈(白世彬) 등에 의해 국내로 배포되었다는 기록은 각 지역에 세워진

---

* 김희곤, 『임시정부 시기의 대한민국연구』, 지식산업사, 2015, 22쪽.

동제사의 지사를 활용하여 해외에서 발행된 신문을 국내로 전하려는 일환으로 취해진 배포방법임에 틀림없다. 이렇게 전해진 신문은 국내에 은닉된 조직망을 통해 뜻 있는 애국지사는 물론 일반 민중에게도 정확한 정보전달의 기능을 수행할 수 있었을 것이다.*

신규식은 협력단체인 신아동제사를 통한 중국혁명세력의 지원을 확보하고, 대한민국 임시정부 수립의 모태역할을 하면서 1922년 순국 후 박찬익이 이사장을 맡을 때까지 동제사를 이끌었다.

▌민족교육기관 박달학원 설립

신규식과 동제사 간부들은 1913년 12월 상하이 명덕리에 박달학원(博達學院)을 설립하였다. 독립운동의 기반확대와 조직력 강화를 위해서이다. 유럽이나 미주로 유학을 떠나고자 하는 한국 학생들과 국권회복을 위해 상하이로 온 청년들을

---

* 강영심, 『신규식의 생애와 독립운동』, 73쪽.

모아 우선 중국어와 영어 등 외국어를 가르치고 민족교육과
나아가서 군사교련을 시킬 목적이었다.

박달학원 학생들(왼쪽부터 신성모, 신규식, 신건식)

　박달학원은 영어반과 중국어 반으로 구분하여 어학을 가
르치고 교과목으로 영어·중국어·수학 그리고 민족의식을 함
양하고자 역사·지리를 교육하였다. 교육기간은 1년 6개월 과
정이었으며, 3기생을 배출하였다. 모두 100여 명의 청년들이
박달학원에서 학업을 이수한 것이다.

교수진은 신규식을 비롯하여 박은식·신채호·김규식·조소앙·홍명희·조성환 등 쟁쟁한 민족주의 지식인들이고, 중국인 혁명가 농죽(農竹)과 미국인 화교 마오다웨이(毛大衡) 등이 외국어를 담당하였다. 해외 유학생들은 여기서 민족교육을 받고 미주로 떠나고, 독립운동에 정진하고자 하는 청년들은 동제사의 주선으로 중국 관내의 각 군관학교에 입학하여 군사교육을 받았다. 신규식은 뒷날 독립운동에 큰 역할을 한 이범석을 중국 육군사관학교 위난강무당에 김홍일(金弘壹)을 구이저강무당에 보내어 훈련을 받게 하였다.

동제사와 박달학원 수료자들은 얼마 후 신한혁명당의 모태 역할을 한 것은 물론 1919년 수립된 대한민국 임시정부가 민주공화정체의 정부를 수립하게 되는 인적 구성에서 크게 기여하였다. 또한 상하이의 지역적 특성으로 인하여 외교중심 방략을 추구하였으며, 상하이 거주 한인사회의 규모가 열악하여 독자적인 독립군의 편성은 어려웠으나 애국청년들을 중국군관학교에 입학시키면서 후일 독립군 양성의 기초를 만들었다.

1913년 12월에 상하이에서 예관을 만났던 이광수(李光洙)의 회고에 "예관은 우리가 있던 집보다 더 큰 집을 얻어 7—8명의 학생을 유숙시켰으며…신채호, 김규식 씨도 예관 댁에 기거하고 있었다. 이를테면, 이때 예관은 상하이뿐만 아니라 강남일대 조선인 망명객의 본거지였다"고 술회한 점으로 미루어 예관 주변에 청년학도들이 모이고 있음을 짐작할 수 있다.*

신규식은 상하이에서 동제사를 창설하고 박달학원을 세우는 등 분주한 가운데서도 대종교 활동을 활발히 수행하였다. 신앙심과 함께 단군이라는 구심점을 통해 정신적으로 일체감을 갖고 독립운동가들의 결속을 다지고자 해서였다.

상하이에 오신 후 선생께서는 우선 대종교를 포교하셨고 매주 반드시 교우들과 함께 예배를 올렸다. 당시 이 대종교를 이끈 분은 선생을 제외하고 조완구·김백연·백순·박찬익·정신 등이었고, 매년 3월 15일 어천절과 10월 3일 개천절 및 8월 29일 국치기념일에는 선생께서 반드시 상하이에 있는 모든 한국 교포를 모아 성대한 기념회를 열어 침통한 기념을 하셨다. 후에 중국 동삼성 당국이 대종교의 시교당(施教堂)을 폐쇄한 사건이 일어났으나, 선생과 박찬익 선생께서 중국 당국에 강력히 항의하고 옳은 바를 주장하여 한국교포를 옹호하셨으므로 자체는 다치지 않고 무사히 끝났다.**

---

* 강영심, 『신규식의 생애와 독립운동』, 76쪽.
** 민필호, 『전집』②, 319쪽.

현대인들은 이해가 쉽지 않겠지만, 독립운동가들의 공통점의 하나는 가사불고(家事不顧)의 자세였다. 독립운동에 매진하기 위해서는 가정사를 돌보기가 쉽지 않았다. 물론 가족이 함께 망명하거나 현지에서 혼인을 하여 가정을 이룬 경우도 없지 않았으나 대부분은 단신 또는 독신이었다.

신규식은 부인이 임신 중에 망명하여 두고 온 아내가 늘 걱정이었다. 동제사와 박달학원 일에 분망할 즈음 동생 신건식이 상하이로 망명해왔고, 아내가 아들을 낳았다는 소식을 들었다. 유복자처럼 태어난 아들 이름을 상호(尚浩)라 지었다.

그의 활동범위는 대단히 넓고 다양했다. 중국 혁명 문학인들이 조직한 남사(南社)에 가입·활동하였다. 1909년 11월 청나라 정부에 반대하는 기치 아래 창립되어 신해혁명을 지지하는 진보적인 단체였다. 자격요건이 품행과 문학의 두 가지가 뛰어나고 사원 세 사람의 소개로 가입이 허용되었다.

예관이 남사에 가입한 시기는 그가 가입한 순번이 450번째로 되어있는 것으로 보아 1914년이거나 아니면 이보다 조금 빠른 1913년 말이 아닌가 보여진다. 그리고 실제 처음으로 아집(雅集)에 직접 참석한 것은 1914년 8월의 임시 아집 때부터였다. 그가 처음 아집에 참석하였을 때 그에 관한 간단한 소개를 해 놓았는데 "이름은 정(檉), 자는 산로(汕盧), 요녕

인으로 원적은 조선이다. 삼한이 망국하게 된 비참함을 통분하고 집을 떠나 서쪽(중국)으로 와 독립운동에 진력을 다하였다."라 하였다. 그 후 그는 몇 차례 아집에 참석하여 남사 사원들과 폭 넓은 교유를 하고 있었다.*

신규식의 이와 같은 중국 엘리트층과의 다양하고 다채로운 교유와 참여는 향후 상하이를 독립운동의 기지로 만들고 활동하는 데 기반이 되었다.

---

* 신승하, 「예관 신규식의 중국혁명당인과의 관계」, 『김준엽교수화갑기념논총 (중국학논총)』, 612쪽.

제11장

신한혁명당 조직

■ 상하이로 모여든 우국지사들

신규식이 터를 닦은 상하이에서 1915년 3월 망명지사들을 중심으로 신한혁명당이 창당되었다. 이 조직은 1917년의 '대동단결선언'으로, 1919년 대한민국 임시정부 수립으로 이어지고, 상하이는 마침내 우리 독립운동의 전진기지가 되었다.

"동아시아 민족주의운동의 중심지"라 불리는 상하이는 1842년 난징조약 이후 통상항구로 개발되어 서구와 일본의 조계(租界)가 설치되었다. 프랑스 조계, 영국 조계, 일본 조계와 기타 몇 개의 조계가 있었다. 프랑스 조계만 그냥 남고 나머지는 합해서 공공조계라 했다. 프랑스 조계는 길쭉한 형태였고 공공조계는 넓었으며, 그 외곽으로 중국인 행정구역이 있었다.*

상하이는 1920~1930년에 이미 인구 약 300만 명의 거대한 국제도시로 발전하여 해상교통과 동양무역의 중심지로 자리잡았다. 시가지는 양쯔강 하구의 남만, 황푸강이 양쯔강에 합류되는 지점에 있다. 한국 독립운동과 밀접한 관계가 있는 프랑스 조계는 1866년에 개시되었고, 우리뿐만 아니라 베트남·인도·말레이시아·태국·타이완 등의 애국지사들이 이곳에 모여 독립운동을 벌였다. 프랑스 조계는 프랑스의 건국이념대로 자유·평등이 어느 정도 보장되었다.

1915년 6월 말 현재 일본외무성 조사와 조선총독부 척식국 작성 자료에 따르면 1915년 중국 본토에 거주했던 한인 동포의 수는 다음과 같다. 상하이(300명), 톈진(154명), 지부(13명), 난징(8명), 산두(19명), 샤먼(5명), 칭따오(61명), 기타(4명), 계 564명이었다. 1919년 임시정부 수립 무렵 상하이에 거주했던 동포의 수는 자료에 따라 차이가 있는데 『여운형신문조서』와 조선총독부 경북경찰부 『고등경찰요서』에는 각각 700여 명으로 기록되어 있다. (상하이에는) 1910년대 초에 벌

---

* 한국정신문화연구원, 『한국 독립운동증언 자료집』(안병무지사 증언), 박영사, 1983, 199~200쪽.

써 소규모의 동포사회가 구성되었다. 그렇지만 동포의 수가 크게 늘어난 것은 1910년대 후반인데, 1917년 중반에 이르러서는 500여 명이었으며, 3·1운동과 임시정부 수립을 전후한 시기에는 1천 명 정도로 증가되었다.*

1910년대 한국독립운동가들이 상하이로 망명했던 시기는 크게 세 가지로 구분된다. 첫째는, 1910년대 초 일제에 의해 합병된 직후로서 중국의 신해혁명 시기에 해당된다. 이 시기에 상하이로 망명했던 대표적인 인물은 신규식·이관구·김규식·문일평·정인보·신채호·박은식·홍명희·박찬익·민필호 등이었다.

둘째는, 1910년대 중반기로서 105인사건으로 옥고를 치른 인물과 유학과 독립운동을 목적으로 했던 자들이 주류를 이룬 시기였다. 대표적인 인물은 김홍서·선우혁·한진교·여운형·이범석·노백린·장덕수 등이었다.

셋째는, 3·1운동 무렵으로 특히 3월 말부터 각지에서 대거 망명해 왔다.** 1910년 8월 29일 국치와 더불어 '식민통치 아래 생존권까지 박탈당한' 한인들은 대거 해외로 망명하였다. 당시 한인들이 이주한 곳은 중국, 러시아의 연해주, 중남미·

---

* 김희곤, 『중국관내 한국독립운동단체 연구』, 지식산업사, 1995, 38쪽.
** 김희곤, 『중국관내 한국독립운동단체 연구』, 35~36쪽.

하와이 등이었는데, 중국쪽으로 이주한 한인이 제일 많았다.*

한국병탄부터 3·1운동 직전까지 상하이로 이주한 주요 인물은 다음과 같다.**

한일합방부터 3·1운동 직전까지 상하이로 이주한 주요인물

이 름	출생연월	본적	상해도착연도	비고
신규식	1878.1	충북	1911	한국혼
민필호	1897.7	서울	1911	한국혼, 명부, 공훈록
정원택	1890.9	충북	1912	지산(志山) 외유기
임의택	1891.7	평남	1913	공훈록
이 광	1879.9	서울	1912	공훈록
정인보	1892.5	서울	1913	공훈록
조성환	1875.6	서울	1913	공훈록
박노영	1898.8	경북	1916	요시찰인명부(1925)
박은식	1859.9	황해	1913	공훈록, 박은식 전서
신채호	1880.11	충남	1913	공훈록
민제호	1890.3	서울	1913	공훈록
김규식	1881.1	경기	1913	명부, 공훈록
선우혁	1882.8	평북	1917	명부, 공훈록
박찬익	1884.1	경기	1913	명부, 공훈록
한진교	1887.1	평남	1914	명부, 공훈록
한흥교	1885.11	경남	1914	명부, 공훈록
선우훈	1892.11	평북	1915	명부, 공훈록, 민족의 수난
조소앙	1887.4	경기	1915	소앙선생문집, 명부

▬▬

* 손과지, 『상해한인사회사:1910~1945)』, 한울, 2001, 46쪽.
** 손과지, 『상해한인사회사:1910~1945)』, 54쪽.

이름	출생연월	본적	상해도착연도	비고
양우조	1897.	평남	1916	사상2, 공훈록
김홍서	1886.2	평남	1916	명부, 공훈록
민충식	1890.2	서울	1916	공훈록
여운형	1886.4	경기	1916	요시찰인명부(1925)
김철	1886.10	전남	1917	공훈록
서병호	1885.7	황해	1918	명부, 공훈록
손정도	1882.7	평남	1919	공훈록
백남규	1884.4	대구	1919	공훈록
김홍일	1898.9	평북	1918	명부, 공훈록
장덕수		황해	1918	SP, 125-127

■ 신한혁명당 창당에 참여

러일동맹과 제1차 세계대전으로 전시체제가 된 러시아에
서는 더 이상 국권회복운동이 불가능하다고 판단한 한인 지
도자들은 방략을 바꾸었다. 만주와 러시아지역에서 독립운
동을 하던 다수의 한인애국자들은 유럽에서 발발한 제1차 세
계대전이 독일에 유리한 국면으로 전개되고, 중국과 일본이
전쟁을 하게 되면 한국의 독립이 가능할 것이라는 나름의 희
망적인 전망을 하게 되었다. 그 무렵 일본이 독일에 선전포

고를 하고 중국에 21개조 요구를 제시하는 등 중국 침략의 의도를 보이고 있었다.

이러한 상황에서 비교적 활동이 자유롭고 교통의 요충지인 상하이를 새로운 독립운동의 거점으로 택한 이들은 속속 상하이로 건너왔다. 이곳에서는 이미 신규식 등이 영국 조계에서 배달학원을 설립하여 독립운동을 하고 있었다.

때를 같이하여 중국 칭따오에서 조성환, 베이징에서 성낙형, 시베리아에서 유동열(柳東說), 국내에서 유홍열과 이춘일 등 민족운동가들이 상하이로 모였다. 사전에 비밀리에 연통한 것이다. 뜻을 같이한 이들은 신한혁명당을 조직하고 본부장에 이상설(李相卨), 감독에 박은식을 선임하였다. 신규식은 상하이의 책임을 맡았다. 신한혁명당의 조직체계는 다음과 같다.

신한혁명당 본부와 지부

본부장 : 이상설	재정부장: 이춘일
	교통부장: 유동열
	외교부장: 성낙형
지부 ― 중국	감독: 박은식
	상해: 신규식
	한구(漢口): 김위원
	봉천:
	장춘: 이동휘
	안동부:
	연길현: 이동춘
지부 ― 국내	서울: 난회(蘭會)조직활용
	원산:

평양: 정항준
희령: 박정래
나남: 강재후

〈출전〉강영심, 「신한혁명당의 결성과 활동」, 『한국독립운동사연구』 2, 1988, 118쪽.

신한혁명당은 본부를 베이징에 두고 활동을 시작했다. 베이징에 본부를 둔 것은 위안스카이의 베이징정부와 교섭하여 대일투쟁을 강화하려는 전략이었다. 신한혁명당의 요인들은 장차 동맹을 맺게 될 중국과 독일이 모두 군주정치를 표방하는 것을 고려해 구황실의 광무황제를 당수로 추대하고자 하였다. 국제사회의 대세는 공화주의 쪽으로 가고 있었지만 우선 목적달성이 유리한 방법을 모색하고자 하는 편의적인 방략이었다.

신한혁명당의 주된 활동은 유사시 한국독립전쟁이 발발할 경우 그 수행에 필요한 군비를 정비해 두는 것과 외교적 측면에서 독일의 보증하에 중국과 군사원조동맹인 「중한의방조약(中韓誼邦條約)」이란 밀약 체결계획을 세웠다. 이는 제1차 세계대전이 독일의 승리로 끝날 것이라는 예견하에서 전후 한·중·독의 연합방식으로 일본을 응징하려던 방안이었다.

광무황제를 당수로 추대하고 군주정치를 표방한 방략에서 신한혁명당은 일개의 독립운동단체가 아니라 독일·중국과 동맹을 맺고 일본에 대한 독립전쟁 수행을 위해 한국을 대표하는 정부적인 성격의 단체로까지 발전시키려 한 의도였다. 독립전쟁 수행을 위한 무장준비계획은 군비준비와 국내 국경지역 진공계획수립으로 이루어졌다.

이 계획은 구주전쟁에서 독일이 승리한 뒤 동양으로 진출하면 일본에 대한 공격이 시작되며 이 경우 연합체제가 구축될 것이므로 우리의 독립군도 각국과 연합체제가 구축될 것이므로 우리의 독립군도 각국과 연합해 독립전쟁을 치러야 한다는 전제에서 마련된 것이다. 전쟁수행에 필요한 군비의 조달은 기존에 정비되어 있던 대한광복군정부의 독립군과 무기 등을 기반으로 보다 신속히 조성될 수 있던 것이 아닐까 추측된다.*

신한혁명당의 활동은 국제정세의 역전과 일제의 식민지배체제, 그들의 정보력 앞에 허무하게 무너지고 말았다. 예상과는 달리 제1차 세계대전에서 독일이 밀리고 일본이 속한 연합군이 승세를 장악해나갔다. 국내에 파송된 독립운동가들은 모두 일경에 검거돼 혹독한 고통을 겪어야 했다. 일제는 1915년 이른바 '보안법위반사건'이라 하여 이 사건 관계

---

* 강영심, 「신한혁명당」, 『한국독립운동사사전(운동·단체편 Ⅲ)』 5, 독립기념관 한국독립운동사연구소, 2004, 345쪽.

자들을 모두 검거하고 보안법으로 다스리면서, 고종의 망명 계획은 좌절되고 말았다.

신한혁명당은 그토록 어려웠던 상황에서도 중국정부와 맺고자 한 19개조의 조약(초안)에서 "한국혁명의 성공 후 중국은 한국의 내정에 용훼하지 않을 것. 단 의방의 의무로서 세관 혹은 철도 등의 사업에 관하여 기수 혹은 번역원을 고양할 사(제11조)" 등 민족적 자존과 이익을 확고히 마련하고 있었다. 신규식의 인맥이 크게 작동하였다. 한 연구가는 신한혁명당의 역할과 역사적 의미를 다음과 같이 분석·정리한다.

신한혁명당의 독립운동방략은 첫째는 민족독립을 위해 실리적인 방략을 중시하여 공화주의를 포기하고 보황주의적 노선을 채택하였다. 동맹국이 될 독일과 중국과 같은 제정(帝政)을 표방하고 광무황제를 당수로 추대하였다. 물론 이 경우 복벽적이라기보다는 입헌군주적 제정을 의미하는 것이었다.

신한혁명당 계획의 실패 이후 복벽주의나 보황주의적 방략은 그 자체의 한계로 더 이상 독립운동방략상 주된 노선이 될 수 없었다. 그리하여 1917년 「대동단결선언」 단계에 이르면 공화주의노선이 독립운동의 이론으로 정립하게 되는 진척을 가져왔다.

둘째는 신한혁명당이 독립운동의 중추기관으로 정부의 조

직을 주장하였던 것이다. 여기서 정부가 어떤 형태라는 설명
이 없어 정확한 파악은 어렵지만 국내외 간 외수내응(外受內
應)의 효과적 독립운동을 추진키 위한 중추기관으로 정부를
조직해야 한다는 방향제시에 그 역사적 의미가 있었다.

이는 신한혁명당 이후 1917년 「대동단결선언」에서 통일된
최고기관인 정부의 수립을 위한 보다 구체적이고 체계화된
실시방법을 제시할 수 있는 단계로 발전하는 데 초석이 되었
다.

비록 계획으로 그쳤지만 제1차 세계대전이란 급격한 상황
변화 속에서 각지의 운동역량을 통합·재정비하여 연합조직
을 추구한 점과 타국과의 국제적인 협약체결을 계획하여 외
교적인 면만이 아니라 장차 정부수립의 가능성을 환기시켰
다는 점 등에서 역사적 의의를 찾을 수 있다.*

---

* 윤병석, 『증보이상설전』, 일조각, 1998, 346~347쪽.

제12장

대동단결을 위한 행보

■ 곤경 속에서도 대동보국단 조직

혁명가는 실패와 좌절을 두려워하지 않는다. 신규식도 그랬다. 그가 추구하는 혁명의 최종 목표인 조국해방이라는 과제는 죽을 때까지, 죽은 뒤 혼령이라도 추구하고 수행해야할 사명이고 소명이었기 때문이다. 국제정세는 불리하게 진행되고 중국의 정정은 한 치 앞을 예측키 어려운 반동기로 치달았다.

세계대전의 발발과 함께 일본이 독일에 선전포고하고 중국에 주둔하고 있는 독일군을 공격했다. 독일이 중국에서 가지고 있는 이권을 차지하겠다는 야심이었다. 독일군이 영향력을 행사하는 지역을 장악한 일제는 중국정부에 굴욕적인 '21개 조항'을 요구했다. 여기에는 독일이 갖고 있는 뤼순·다롄의 조차권, 남만주 일대의 철도부설권 등이 포함되었다.

위안스카이 정부는 별다른 저항없이 일본의 21개조 요구를 받아들였다. 일본이 위안스카이의 개인적인 야심을 만족시키는 반대급부를 주었기 때문이다. 즉 일본은 21개조 요구 협상을 벌이면서 위안스카이에게 "만일 성의를 가지고 교섭에 응한다면 일본정부는 대총통(위안스카이)이 다시 더 높은 단계에 오르는 것을 기대한다"라는 제안을 했다. 말하자면 일본의 요구를 들어주는 대신 자기가 황제가 되는 것을 일본에게 양해받는 교환조건이었다.* 그는 1915년 10월 '국민대표대회조직법'을 공포하는 등 황제 등극을 위해 적극 나섰다. 하지만 인민들은 대부분 이를 반기지 않았으며 국제사회도 거세게 반발하였다. 이로 인해 중국의 정정은 날로 어지러워지고 있었다.

신규식은 정치적 반동기에 곤경에 빠진 적이 한 두 번이 아니었다. 망명할 때 가지고 왔던 자금 중 적지 않은 돈을 중국혁명 동지와 경영이 어려운 『민립보』에 기부한 것이 위안

---

* 안정애·양정현, 『중국사 100장면』, 가람기획, 1993, 337쪽.

스카이 세력에 발각되면서 체포령이 내리고, 몇 차례 테러의 위기를 겪기도 하였다. 또 일본총리대신 가쯔라 다로(桂太郎)의 만주방문을 계기로 독립운동가들이 그를 암살하려 한 사건의 혐의를 받아 외지로 피신하기도 하였다.

이런 정황에서도 그는 활동을 멈추지 않았다. 위안스카이 정부의 탄압으로 유명무실해진 동제사를 다시 복구하는 한편 박은식 등과 함께 대동보국단(大同輔國団)을 새로 조직하였다. 박은식을 단장에 추대하고 자신은 운영의 책임을 맡았다. 평양의 한진교, 정주의 선우혁, 만주에 있던 조성환·박찬익의 협조를 통해 노령에까지 조직을 확대하였다.

대동보국단은 신규식·박은식의 주도로 조직되어, 박은식이 단장이 되었다. 핵심인물은 모두 동제사의 핵심세력으로 판단되며, 따라서 신채호·조소앙·한진교·문일평·김규식·선우혁 등도 이에 가담했으리라는 사실은 쉽게 추론된다.

대동보국단의 이념은 앞서 본 바의 대동사상이었을 것이다. 특히 대동사상에는 박은식·조소앙이 심취하여 박은식은 이미 1909년에 국내에서 대동교를 창건하기도 했고, 조소앙은 1913년에 상하이에서 아세아민족반일대동당을 조직하기도 했다. 신한혁명당이 1915년 3월에 결성되었으나, 5월의 활동을 마치자 곧 유야무야된 점으로 보아, 대동보국단은 신한혁명당의 실패 이후에 조직된 것으로 보인다.*

이즈음 그는 상하이에서 조직된 중국인 청년단체 환구중국학생회(寰球中國學生會)에 가입하였다. 발기인은 상하이 푸단(復旦)대학 총장을 역임한 리덩후이(李登輝)이다. 남사에 이어 이 단체에 참여한 것은 중국혁명의 주도세력과 연을 맺고 한국독립운동의 지원을 받기 위해서였다.

형을 좇아 망명해 온 셋째 동생 신건식이 항저우의 적산(赤山) 부근에서 고려사(高麗寺)의 옛 절터를 발견했다. 고려시대 성덕태자(聖德太子)가 항저우에 와서 출가할 때 지은 광대한 사원이었다. 오랜 세월이 흐르면서 울타리와 무너진 담벽, 건물이 몇 칸 남았을 뿐이다. 분망함 속에서도 신규식은 고려사 옛 터를 찾아 모금한 돈으로 사원을 다시 세우고 「고려사」란 현판을 새로 써서 걸었다. 그리고 칠언율시 한 수를 지어 감회를 읊었다.

적산에 해 기울 제 사찰을 방문하니
현회 서녘 숲은 산골 마을 같구나
천년된 미륵상 불조를 우러르고
만리 밖 객지서 왕손에게 눈물짓네

---

* 김희곤, 『중국관내 한국독립운동단체 연구』, 65쪽.

사계절 내내 향불은 군생의 복을 빌고
한 조각 청정한 곳 고국의 혼 있어라
견디기 어려워 머리 돌려 보는 곳에
가련타 몇 칸의 옛 사당만 남았구나.*

■ 임시정부수립 촉구한 '대동단결선언' 주도

신규식이 동분서주하며 독립운동단체를 조직하고 중국혁
명 인사들과 연대하고 있을 때 중국과 국제정세가 급변하고
있었다. 위안스카이가 1916년 1월 1일을 기해 황제가 된다고
선포하자 각지에서 반발하는 운동이 거세게 전개되고, 그의
측근이었던 펑궈장(馮國璋)까지 이에 가세하였다. 결국 그는
80여 일 만에 스스로 황제등극을 취소하고 얼마 뒤 그 충격
으로 숨을 거두었다.

국제적으로는 러시아에서 2월혁명이 일어나고, 핀란드와
폴란드가 독립을 선언하며 임시정부를 수립하고 있어 같은
처지의 약소민족을 고무시켰다. 제1차 세계대전은 미국의 참

* 예관신규식전집편찬위원회, 『전집』 ①, 321쪽.

전으로 연합국이 우세해지고, 중국의 혁명세력도 연합국에 기울어져갔다. 우리 독립운동도 전환되어야 할 처지가 되었다.

신규식은 기회를 놓치지 않았다. 동지들과 논의를 거듭한 결과 무엇보다 각지에 있는 망명지사들의 힘을 모으는 일이 시급한 과제였다. 그리하여 신규식을 필두로 조소앙·신석우·박용만·한진교·홍명희·박은식·신채호·윤세복·조성환·박기준·신빈·김규식·이청혁의 동의를 받았다.

14명 중 신규식·조소앙·신석우·홍명희·박은식·신채호·조성환·김규식 등 8명이 동제사 소속이다. 동제사 출신들이 주도한 것이다. 주도자들은 동제사가 한때 고국에서 광무황제를 망명시켜 신한혁명당의 대표로 삼으려는 구상을 가졌으나, 이제 앞으로 세울 독립된 나라는 제정(帝政)이 아니라 민(民)이 주인이 되는 민주공화제를 지향하고, 조국의 독립과 민주공화제의 정체를 실현하기 위해서는 조속히 임시정부를 수립하자는데 뜻을 모았다. 사실상 임시정부 수립의 물꼬를 튼 것이다. 그가 이 운동을 주도하고 첫 번째 서명자가 되었다.

이렇게 하여 1917년 7월 앞에 소개한 인사 14인의 명의로 「대동단결선언」이라는 역사적인 문건이 공표되었다. 선언문

기초는 조소앙에게 의뢰하였다. 조소앙은 중국사상가 캉유웨이(康有爲)의 대동사상(大同思想)에 많은 관심을 갖고 연구하였으며, 중국인 황줴((黃覺) 등과 '대동당'을 추진한 적이 있는 이 분야 전문가였다.

'선언'은 주권불멸론과 융희황제의 주권포기론을 근거로 국민주권설을 정립함으로써 독립운동의 이념을 확립했을 뿐 아니라 정부의 통할체제를 계획하는 등 1917년까지 다양하던 독립운동의 이론을 결집하였다는 점에서 중요한 의미를 가지고 있다. 또 이러한 '선언'의 계획은 당장에는 실현되지 못하였으나 그 문서가 동포사회에 널리 송달되었으며,『신한민보』등 각처의 신문을 통해 계몽되면서 1919년 임시정부 수립의 모체가 되었다는 점에서 주목되는 것이다.*

'선언'의 강령은 모두 7개항으로 되어 있는데, 앞의 3개항은 임시정부 수립에 관한 것이고,뒤의 4개항은 운영에 관한 것이다. 제1항은 "해외 각지에 현존한 단체의 대소·은현을 막론하고 규합 통일하여 유일무이의 통일기관을 조직한다"고 하여, 민족대회의 또는 임시의정원과 같은 것을 만들자는 것이었다.

---

* 조동걸, 「임시정부수립을 위한 1917년의 〈대동단결선언〉」, 『한국학논총』 10, 국민대 한국학연구소, 1987.

제2항은 "중앙총본부를 상당한 지점에 치(置)하여 일절 한족을 통합하여 각지 지부로 관할구역을 명정한다"고 하여 최고 행정부를 두고 그 산하에 지역별로 지부를 두자는 것이다.

제3항은 "대헌(大憲)을 제정하여 민정에 합한 법치를 실행한다"고 하여 헌법의 제정과 법치주의를 천명하였다.

제4항은 "독립 평등의 성권(聖權)을 주장하여 동화의 마력과 자치의 열근(劣根)을 박멸하자"고 하여 국내문제에 대한 방책을 선언하고 있다.

제5항은 "국정을 세계에 공개하여 국민외교를 실행하자"고 하여 국제외교를 모색하였다.

제6항은 "영구히 통일적 유기체의 존립을 공고키 위하여 동지간의 애정과 수양을 할 것" 주장하였다.

제7항은 위의 실행방법으로 "기성한 각 단체와 덕망이 유한 개인의 회의로 결정할 것"이라고 하여, 제1항에서 결정한 회의에서 합의하여 실천한다는 것이다. 이어서 선언의 제일 끝에 찬동 여부의 회답통지서가 부착되어 있고, 단체와 개인에게 함께 발송되었다.

■ 주권불멸론(고유주권론)에 의한 국민주권론

신규식과 서명자들은 이 '선언'에서 주권을 상속받으면 국가적 행동을 실천해야 하는데, 그 실질적 가능성에 대하여 재정·인물·신용으로 나누어 설명하였다. 여기에서 해외동포를 1백만 명으로 계산하고 재정에서 1인당 만 원, 합계 50만 원의 연수입으로 공동사업을 운영하여 재정을 충당한다는 것이다. 이를 위하여 대동단결을 강조하면서, 이같이 단결과 재정이 마련되면 인물도 육성되고 협력이 더욱 공고해진다고 역설하였다.

대동단결선언

「대동단결선언」의 원본이 뒤늦게 세상에 알려진 것은 1986년 8월 독립기념관에 기증된 도산 안창호의 유품에서 발견된 것이다. 표지만 모조지이고 본문은 갱지인 이 문건은 세로 29cm, 가로 20cm의 12면에 인쇄되었다.

'선언'은 148행으로 엮어져 있는데 그 중에 18행은 대동단결의 필요성, 12행은 국내참상, 50행은 해외동지의 역할, 18행은 국제환경, 끝의 12행은 대동단결의 호소이고, 본문만은 118행이다. 그리고 「제의의 강령」 11행과 제의에 대한 답장관계가 19행으로 구성되어 있다. 「주권불멸론」에 대한 한 연구가의 분석이다.

주권이란 민족고유한 것으로 융희황제가 주권을 포기한 것은 국민에 양여한 것으로 보아야 한다. 그러므로 주권행사의 의무와 권리가 국민에게 있는데 국내 동포는 일제에 구속되어 있으니 그 책임을 해외 동지가 감당해야 한다는 것이다.

이것은 서양에서 기독교적 폭군방벌론이 자연법사상의 천부인권설(고유인권론)로 발전하여 국민주권설에 이른 과정과 비교하면 국민주권설 입론의 방법이 흡사하여 흥미로운 것이다. 국민주권설이 구한말에도 소개되고 또 신민회는 그에 근거하여 공화주의 이념을 표방했지만, 어떤 경우도 서양의 천부인권설이나 사회계약론을 도입한 논리였는데, '선언'이 주장한 국민주권설은 그와 달리, 민족사적 정통을 의식한 논리전개로써 특수성을 보여주고 있다.

그러면서도 융희황제의 주권 포기를 단정함으로써 이조 왕실이 신국가건설에 끼어들 여지를 봉쇄하고 있는 것이다. 즉 일제의 주권침탈은 민족사적으로는 침략이지만, 왕조사로 보면 주권의 포기이니, 그 주권의 행사권은 민족에 계속되었다는 것이다.

그리하여 "아 동지난 당연히 삼보를 계승하야 통치할 특권이 있고 또 대통을 상속할 의무가 유하도다. 고로 2천만의 생령과 3천리의 구강과 4천년의 주권은 오인 동지가 상속하였고 상속하는 중이오 상속할 터이니 오인 동지난 차(此)에 대하야 불가분의 무한책임이 중대하도다"라고 선언하였다.

이것은 1910년대 꾸준히 계속되어온 광무황제의 옹립으로서 망명정부를 수립하려던 신한청년당 등의 황보주의를 종결한 선언이라는 점에서 주목된다.*

---

* 조동걸, 「임시정부수립을 위한 1917년의 〈대동단결선언〉」, 『한국학논총』 19 참조.

제13장

3 · 1혁명을 촉발하는 외교활동

　국내외 곳곳에 산재해 있는 독립운동가들에게 한 덩어리
가 되어 일제와 싸우자는 「대동단결선언」을 일구어 낸 그는
계속하여 후속 조처를 펴나갔다. 먼저 1917년 8월 스웨덴 스
톡홀름에서 만국사회당대회가 열린다는 소식에 따라 조선사
회당 명의로 전문을 보냈다. 내용은 제1차 세계대전은 유럽
의 발칸반도문제 때문에 발발한 것이라고 전제, 한국문제로
또 다른 전쟁이 일어나서는 안 된다면서, 한국의 독립으로
새로운 전쟁이 일어나지 않도록 대회에서 모든 민족문제를
해결해 달라는 것이었다.

실제로 조선사회당을 별도로 조직한 것은 아니고 동제사의 명칭을 바꾸어 전문을 보냈으나 대회가 무산됨으로써 독립지원 요청은 무위에 그치고 말았다. 하지만 그는 외교 노력을 멈추지 않았다. 이즘에는 국제정세가 다소 유리한 방향으로 전개되었다. '유리'하기보다는 그런 방향성을 포착했다고 하겠다.

미국 대통령 윌슨(Thomas Woodrow Wilson, 1856~1924)이 1918년 1월 제1차 세계대전이 끝나면서 '14개조 평화원칙'에서 민족자결주의를 제창하였다. 1년 전에는 러시아에서 레닌이 비슷한 정책을 제시한 바 있었다.

신공(申公)은 이때야말로 한국이 독립할 천재일우의 기회라 생각하고 즉시 비밀 서신을 수 십 통 써서 청년동지 방효성(方孝成)과 곽경(郭儆) 두 사람에게 맡겨 부탁하였다. 상하이로부터 비밀리에 한국으로 잠입시켜서 여러 혁명 동지들에게 연락하고 암암리에 국내에서 민중의 시위운동을 일으켜 일본 통치에 반대할 것을 계획하신 것이다. 그 밀서의 내용은 대략 다음과 같다.

> …상략…아우는 이미 김규식·조소앙 두 형들에게 중국 상하이로
> 부터 파리강화회의에 가서 호소할 것을 청했으니, 여러 형들은 모

름지기 때를 맞춰 국내에서 우리 겨레의 전국적 민중운동을 일으
켜 일본 통치에 반대하고 독립을 요구한다는 굳은 결의를 표시하
여 국제적으로 알리는데 이바지 하시오.*

신규식은 미국에 있는 이승만에게도 편지를 보내 프랑스
로 가서 각국 대표들에게 호소하여 국제적인 동정을 얻게 해
달라고 부탁하였다. 국내에 들어왔던 두 청년은 일경에 발각
되어 혹독한 고문 끝에 결국 목숨을 잃었다.

상하이 시절 유학생 신분으로 신규식을 만나 독립운동의
길을 걷고 뒷날 그의 사위가 된 민필호는 신규식의 이와 같
은 일련의 활동을 "우리 한국의 3·1운동의 선성(先聲)이었다."
고 기록하였다.

윌슨의 민족자결주의와 파리강화회의 개최는 독립운동가
들이 기다리던 절호의 기회였다. 신규식은 김규식·여운형 등
과 함께 1918년 11월 28일 신한청년단을 창당하고 대표 김규
식을 프랑스로 파견키로 하였다. 김규식이 파리로 떠나기 전
인 1919년 1월 25일 예관 신규식과 우사 김규식은 합동으로
「윌슨 미국대통령에게 보낸 청원서」를 작성하여, 김규식이
파리에서 이를 직접 미국대표부에 수교했다.

---

* 민필호, 『전집』 ②, 338쪽.

편지는 프랑스어로 작성되었는데, 파리강화회의 미국대표단의 문서철에 신규식·김규식의 프랑스어 편지 원본과 영어 번역본이 수록되어 있다. 프랑스어로 된 편지의 발신자는 신정(Shinjhung), 김성(Kinsh ung)이며 수신자는 우드로 윌슨이다. 신정(申檉)은 신규식의 중국 이름이며, 김성(金成)은 김규식의 다른 이름이다.

신규식과 김규식은 각각 한국공화독립당(The Korean Republican Indepe ndence Party)의 총재(President)와 사무총장(Secretary) 자격으로 영문서명을 했다.* 신규식과 김규식이 「미합중국 대통령 각하」에게 보낸 청원서는 다음과 같다.

> 베르사유 평화회의에 국가들이 결집해 항구적인 세계평화를 수립하려고 협력하려고 하는 이때 한국인들은 각하께 우리 요구를 고려해주실 것을 요청드립니다.
> 4천년 이상 존재해온 한국인들은 그리스−로마만큼이나 오래된 문명을 보유하고 있습니다. 기억할 수 없는 과거로부터 공포스런 역경의 바람이 우리 불행한 국가의 국민과 정부를 전복시키기 이전까지, 한국은 자유 독립국가로 간주되었습니다. 다른 국가들과 외교관계를 유지했는데, 이들 국가들은 한국의 전권공사를 받아들이고 자국의 대표를 한국정부에 파견했습니다. 한국과 다른 국가

---

* 정병준, 「신한청년당 결성과 우사 김규식의 독립운동」, 『우사 김규식 서거 70주년 추모논문집』, 우사연구회, 2020, 105쪽.

들간에 체결된 수많은 정치 및 상업적 조약들은 한국이 대외적 주권을 완벽하게 행사했음을 명백히 증명합니다.

대한제국정부의 태만과 무능으로 일본이 한국에 쉽게 침투했습니다. 다양한 구실을 내세워 일본은 1895년 서울을 점령했습니다. 한국의 황후는 살해되었습니다. 1904~05년간 일본은 한국정부에게 자신의 대외적 주권을 행사할 권리를 박탈하는 조약을 강제했습니다. 일본의 침략은 증가해서 1907년 제국은 소멸했습니다.

일본은 명백히 한국에 일본을 이식했습니다. 일본은 연약한 국가에 미카도(Mikado: 천황)의 정부를 설치했으며 우리 풍습과 관행을 일본화하려고 하고 있습니다.

공포에 질린 한국인들은 자국에 대한 일본의 음모를 무력하게 바라보았습니다. 가장 수줍어하는 사람들, 보통 가장 쉽게 확신시킬 수 있다고 생각되는 사람들도 일본에게 좋은 결과를 초래하지만 우리의 국가적 열망과 양립할 수 없는 문명화를 거부하는데 동의했습니다. 한국인들의 국가적 반대는 완전히 정당한 것이며 조만간 인정될 것이며 한국은 세계 지도상에서 명백히 지워지지 않을 것입니다.

부정하고 부당한 조치들과 연관되어 야기된 모든 시도는 우리의 피속에 날인되어 있습니다. 어떤 동정도 어떤 용서도 없습니다. 반란군은 아마도 그들 반란의 댓가를 치러야 할 것입니다. 그리고 그들의 피가 새로운 헌신을 창출할 것입니다. 한국인들은 일본의 문명화로 인해 멸망되길 원치 않습니다.

외국 열강들은 일본이 한국에서 어떻게 통치하는지 알지 못하는

데, 가혹한 검열로 인해 모든 뉴스가 외부세계에 도달하지 못하고 있습니다. 이들은 일본의 자애로운 보호 하에서 아마도 한국이 여전히 자유롭다고 믿으며, 우리나라가 현재 단지 일본의 식민지일 뿐이며 곧 일본의 한 지방 군현이 될 때 한국의 모든 재부를 독점하는 일본은 이것이 극동의 평화유지를 위한 것이라고 말할 것입니다.

열강들은 일본이 우리 정부를 몰락시킨 모든 조약들을 승인했기 때문에 불행한 한국인들을 위해 개입할 수 없습니다. 그러나 이제 평화회의가 크고 작은 나라의 안전을 위협할 수 있는 분쟁의 원인을 찾으려 하고 있기 때문에, 이제 인종을 모두 조화롭게 하며 자신들의 법률과 관습에 따라 각자 살도록 허용하려고 하고 있기 때문에, 한국민족은 대통령 각하께 나아가 그들의 불행한 운명을 고려해주길 요청드립니다. 부디 평화회의가 우리 대표를 만나 자유의지에 반해 일본의 속국이 된 한국 상황을 명확히 청취해 주길 바랍니다.

부디 한국에서 분쟁의 원인들이 사라지고 극동은 물론 모든 곳에서 영구적 평화가 확보되길 바랍니다. 한국인들은 자신들을 다시 한번 자유롭고 독립된 민족으로 만들어 줄 국가 권리(Right of Nations)에 내재하는 정의를 확신합니다.

한국인들에게 이 자유를 회복케 하는 과정에서, 우리는 동시에 미래의 분쟁 원인을 억제하게 될 것입니다. 이리하여 영구적 세계평화의 설립이라는 목적이 획득될 것입니다. 평화회의에 우리의 겸허한 요청을 제출함으로써, 귀하께 권리를 빼앗긴 불행한 국가의 영원한 감사를 표하며, 철쇄 하에서 인사를 올립니다.

서명

한국독립공화당(The Corean Independent Republican Party) 총재
및 사무총장.*

■ 미주동포들에게 '한국국민대회' 개최요청

신규식은 김규식이 1919년 2월 1일 파리로 떠난 뒤인 2월
7일 이번에는 단독으로 하와이 교포 신문 『국민보』를 통해
'국민대회' 개최를 요청하는 서한을 보냈다. 1917년 「대동단
결선언」의 뜻을 되새기며 미주지역의 동포들과 함께 하자
는 내용이다. "10쪽 분량의 이 편지는 하와이 호놀룰루 미우
편검열국에 의해 1919년 2월 25일 제2390호로 보고되었다.
편지의 내용은 신성, 즉 신규식이 중국 상하이의 한국인 조
직의 대표 자격으로 중국 상하이에서 한국국민대회(a Korea
National Convention)를 개최하자는 선언을 송부한 것이다. 미
우편검열국에 따르면 유사한 편지가 박용만에게도 송부되었

---

* 정병준, 「신한청년당 결성과 우사 김규식의 독립운동」, 『우사 김규식 서거
  70주년 추모논문집』, 107~108쪽.

다."*

현재 미국 우편검열국에 보존된 신규식의 「한국국민대회」 개최 선언문은 전문이 아닌 부분적으로 번역된 내용이다.

모든 한국인들이 바라왔던 최고의 순간이 드디어 우리에게 왔다. 이 시기는 우리 세대에게는 물론 아마도 다음 세대에도 결코 찾아오지 않을 것이다. 지난 10년 동안, 우리는 끈질기게 기다렸으며, 야만적 일본의 속박(the yoke Hunnized Japan) 하에 국가적 수치와 불명예, 개인적 고통과 난관이 없을 수 없지만 우리의 국가적 회복의 이 날을 기다렸다. 이제 우리는 적들의 가혹한 통치를 몰아낼 그날이 다가왔다.

모든 한국인이 모든 지방에서 기회의 때를 붙잡지 않을 수 없다는 간단한 사실을 축하하고 싶다. 때가 되면 국가의 회복을 위해 그를 실행할 것이다.

모든 곳의 한국인들이 동시에 하나의 목소리로 타인의 초대 없이 단 하나의 사실, 단 하나의 사실, 즉 우리는 파리 평화회의에 우리 대표단을 파견해서 우리 독립을 호소해야만 한다고 울부짖고 있다는 점을 지적하는 것은 진정 감동적인 일이다.

그래서 그들은 미합중국의 한국인 사회로부터, 하와이주로부터, 중국과 극동으로부터 파리에 파견되어 평화회의에 자신들을 대표하게 되었다. 고귀한 사실은 이런 애국적 운동이 어디에서나 한국

---

* 정병준, 「신한청년당 결성과 우사 김규식의 독립운동」, 『우사 김규식 서거 70주년 추모논문집』, 116쪽.

인들에 의해 수행되었다는 것이다.

그러나 만약 우리 모두가, 미국, 하와이주, 중국, 만주, 시베리아, 한국 및 일본의 다양한 한인 조직들이 여러 개의 별개의 조직의 대표로 그들을 파견하는 것 보다는 하나의 조직으로 통합해서 평화회의에서 우리 대표들을 자신들의 대표로 후원한다면 이는 우리의 목적과 결과의 양 측면에서 보다 더 고귀하고 보다 효율적일 것이다.

그런 분열은 교활한 일본에게 한국인들은 전체적으로 일본 통치에 만족하고 있지만 일부 해외 한국인들이 그들의 독립을 선동하고 있다고 말할 수 있는 공간을 제공할 것이다. 그러므로 일본은 세계를 향해 우리의 고귀한 목적과 인민 전체를 오도하려고 노력하고 있다.*

신규식은 국내외의 모든 한인(단체)들이 파리강화회의 우리 대표를 통일적으로 후원하기 위해 필요성을 제기하고, 구체적인 방안을 다음과 같이 제시하였다. 우리의 국가적 목적을 강화하고 통일하기 위해, 본국(한국 영토)과 해외의 모든 한인 조직은 하나의 거대한 조직으로 통합해야만 한다. 그러므로 우리는 세계의 다음 조직과 협회들에게 중국 상하이에서 개최될 거대한 한국국민대회(Korea Nat'l Convention)를 소집할

---

* 정병준, 「신한청년당 결성과 우사 김규식의 독립운동」, 『우사 김규식 서거 70주년 추모논문집』, 112쪽.

자유를 갖고 있다.

한국 내	청년협회(Young Peopel's Ass'n) (일본 동경 학생 협회 포함)
미국	기독교 교회
	신도협회(Shinto Ass'ns)
	하와이 국민회
	북미 국민회
	남미 국민회
러시아령	한족연합회(Korea United Ass'n)
중국	북간도 한인협회(Korean Peoples' Union in North Kanto)
	남간도 한인협회(Korean Peoples' Union in South Kanto)
	북경 한인협회(Korean Peoples' Union in Peking)
	상해 한인연맹(Shanghai Korean Peoples' Union) *

■ 지도급 독립운동가 39인의 「대한독립선언서」 채택

「대동단결선언」과 파리강화회의에 대표파견 등으로 독립
운동계는 모처럼 활기를 찾고 새로운 진로를 모색하였다. 그
중의 하나는 1919년 1월 27일(음) 만주에서 조소앙·여준·윤
세복·이시영·윤기섭 등이 대한독립의군부를 조직하고 독립
선언서를 발표키로 결의한 일이다.

---

* 정병준, 「신한청년당 결성과 우사 김규식의 독립운동」, 『우사 김규식 서거
70주년 추모논문집』, 113쪽.

1919년 2월 만주 지린에서 해외 지도급 독립운동가 39명의 명의로 「대한독립선언서」가 발표되었다. 「무오독립선언서」로도 불리는 이 선언서는 「2·8독립선언서」와 「3·1독립선언서」에 앞서 발표되고, 시기나 내용, 서명자에 있어서 항일 독립선언의 효시가 되었다. 서명자 중에는 신규식을 비롯 당시 해외에서 독립운동을 하는 지도급 인사들이 총 망라되었다. 가나다순의 서명자 명단은 다음과 같다. (신규식은 중국식 이름 신성이라 썼다)

김교헌 · 김규식 · 김동삼 · 김약연 · 김좌진 · 김학만 · 여준 · 유동열 · 이광 · 이대위 · 이동녕 · 이동휘 · 이범윤 · 이봉우 · 이상룡 · 이세영(이천민) · 이승만 · 이시영 · 이종탁 · 이탁 · 문창범 · 박성태 · 박용만 · 박은식 · 박찬익 · 손일민 · 신 성 · 신채호 · 안정근 · 안창호 · 임 방 · 윤세복 · 조용은 · 조욱(조성환) · 정재관 · 최병학 · 한흠 · 허혁 · 황상규.

조소앙이 기초한 「대한독립선언」은 무장투쟁 단체 대한독립의군부가 주체가 되어 서명자를 동원하고 문건을 기초하고 인쇄와 배포의 책임을 맡았다. 모필로 쓴 것을 석판으로 약 4,000부를 인쇄하여 국내외에서 활동하는 독립운동가들에게 배포하였다. 국내에 배포되었다는 단서는 아직 찾기 어렵다. 수취인(단체)들이 공개하기 어려웠을 것이거나, 보안상 해외 독립운동가에게만 배포했을 지 모른다.

'선언서'의 구성은 「독립선언서」라고 제(題)한 부분, 본문, 발표 일자, 서명자 등 4부분으로 구성되어 있는데, 본문은 35행으로 띄어쓰기와 마침표를 제외하고 1,273자이며, 크게 네 부분으로 짜여 있다.

'선언서'는 먼저 '한일합병'의 무효를 선언하면서, 경술국치를 일본에 대한 주권의 양도가 아니라 융희황제의 주권포기로 간주하고, 그것은 국민에게 주권을 선양하는 것으로 해석하였다. 이어서 이 독립선언으로 일본을 응징해야 할 대적으로 규정하고, 여러 가지 이유를 열거하면서 독립군의 총궐기와 한민족 전체의 육탄혈전을 촉구하였다.

서명자들은 이 '선언'에서 해외망명 독립운동지도자들이 국내 동포의 위임을 받아 주권을 행사하고 있다는 책임의식과 일본은 절대 타협할 수 없는 절대 적임을 분명히 하고, 항일독립전쟁은 하늘의 인도와 대동평화를 실현하기 위한 신성하고 정의로운 전쟁이라는 점을 분명히 적시하였다. 따라서 민족의 독립은 자기희생의 비장한 결단에 의해 성취될 수 있다고 강조하였다.

「3·1독립선언서」가 비폭력적인 저항을 선언한 데 비해

「대한독립선언」은 한민족 전체의 '육탄혈전'을 촉구하여 무장전쟁론을 제시하였다. 국내와 국외의 차이를 감안하더라도, 국치 이후 지도급 독립운동가들의 '독립선언'에 '육탄혈전'을 천명한 것은 최초의 일이다.

'선언서'의 중요한 대목은 「앞으로의 행동강령 다섯 가지」 부분이다.

1. 독립의 제일의 –일체 방편으로 군국전제를 산제하야 민족평등을 전구(전지구)에 보시할 것.
2. 독립의 본령– 무력 겸병을 근절하야 평균천하의 공도로 진행할 것.
3. 복국의 사명 – 밀맹(密盟) 사건을 엄금하고 대동평화를 선전할 것.
4. 입국의 가치 – 동권동수(同權同壽)로 일체 동포에 시(施)하야 남녀 빈부를 제하여, 동현 동수로 지우노유에 균하야 사해인류를 토할 것.
5. 대한민족의 응시 부활의 구경의(究竟義) –진하야 국제불의를 감독하고 우주의 진선미를 제현할 것.*

대한독립선언서의 발표시기에 대한 문제점은 최근에 입수한 임정 편인(編印), 『한국독립선언서 23주년 3·1절기념특감』

---

* 송우혜, 「대한독립선언서'(세칭 '무오독립선언서'의 실체)」, 『역사비평』 여름호, 1988, 147쪽.

에 의해서 밝혀졌다. 즉 부록에 수록된 자료배열 순서에서 '대한독립선언서'가 '2·8독립선언서' 앞에 게재되고 있다는 것은 대한독립선언서가 2·8독립선언서 이전에 발표되었다는 것을 분명히 보여주는 것이다.

이와 같은 사실을 「원동 민족해방투쟁과 3·1절」이나 「대한독립선언서」 등에서 뒷받침 되고 있다. 또한 이 발표일자는 임시정부가 정부 차원에서 발행한 '3·1운동특집' 간행물인 만큼 여기에 사용된 공용년기(公用年紀)는 음력일 수는 없고, 당연히 양력이라는 것도 자명하게 되었다.

이렇게 대한독립선언서가 2·8독립선언서와 3·1독립선언서에 앞서 발표 일자가 확실시 될 경우에 대한독립선언서 '원본'과 '대한독립선언서 친필 조소앙'의 년기 '단군기원 4252년 2월 일'은 2월 초순경인 2월 1~7일 사이로 보는 것이 올바른 견해로 보아야 한다는 것은 물론이고, 3·1독립선언서의 년기 '조선건국 4252년 3월 일'의 경우를 감안하면 2월 1일로 볼 수도 있다. 결국 대한독립선언서는 세계대전 후 2월 초순 경에 가장 먼저 발표된 선언서로서 '2·8, 3·1독립선언서의 모체요, 선도적 역할'을 다하였다.* 「대한독립선언서」의

---

* 조항래, 「대한독립선언서 발표시기의 경위」, 조만제 편, 『삼균주의논선』, 삼균학회, 2003, 73쪽.

발표시기에 대한 엇갈린 주장에도 불구하고 그 '역사적 의미'는 높이 평가된다.

첫째, 1919년의 저 거대한 독립운동 에너지의 분출로 국내외가 혼연일체가 되었을 때, '외응(外應)'의 측면에서 가장 형식이 잘 짜여진 선언서였다는 사실이다. 선언서 발표의 주체들을 전세계에 흩어져 있는 국외거주 동포사회의 대표격인 인물들로 내세운 것은 일종의 탁월한 정치적 감각으로 보인다.

둘째, 논리의 일관성이란 점에서 문제를 안고 있긴 하지만, 선언서 최종 부분에서 '육탄혈전'으로 독립을 쟁취하자는 부분이 갖는 의의는 참으로 크다. 다른 독립선언서들이 환상적인 국제외교적 처리에 의한 독립을 갈구하고 있을 때, 혼자서 깨어 있는 자로서의 의식을 보여주었다고 할 수 있다.

셋째, 삼균주의의 사상적 태동이 이 독립선언서에서 시작되었다. 삼균주의는 곧 임정의 건국강령의 기본정신이기도 하거니와 그후 우리 헌법의 정신적인 골격을 받치고 있다는 평가를 받고 있다. 조소앙은 "이것은(「대한독립선언」의 작성을 가리킴) 삼균주의의 배태기였다. 토지는 국민의 소유이며 인민은 세습적으로 독자적 결정권을 행사할 것과 세계 화평을 고조하고 침략주의를 배격하였다."라는 말로 「대한독립선언서」가 지닌 사상적인 골격과 의미를 크게 평가했다.

　넷째, 「대한독립선언서」와 '대한독립의군부'와 관계이다. 대한독립의군부는 결국 이 선언서를 세상에 내어놓기 위해 존재했었다고 할 수 있다. 조직을 결성한 후 첫 업적이「대한독립선언서」의 작성과 선포였고, 선언서가 나온 후에는 이내 조직이 무너졌기 때문이다. 조소앙·정원택·박찬익 등 간부진들이 곧 상하이로 갔고, 김좌진 역시 몇 달 후에 북간도의 정의단(북로군정서의 전신)에 입단하는 등 소속 인원이 모두 흩어졌다. 그런 의미에서 이 선언서는 한 독립운동단체의 전부가 담긴 문서이기도 한 것이다.*

---

* 　송우혜, 「대한독립선언서'(세칭 '무오독립선언서'의 실체)」, 『역사비평』 여름호, 175쪽.

제14장

대한민국 임시정부 수립에 초석

■ 임시정부 조각에서 제외됐지만

국치 9년만인 1919년 3월 국내에서 폭발한 3·1혁명의 소식은 해외 망명가들에게 천국의 복음과 다르지 않았다. 그토록 참혹한 일제의 무단통치에서도 고국의 동포들이 기죽지 않고 궐기하였다.

'대동단결선언'을 주도하고 '대한독립선언'에 참여하는 한편 밀사를 국내에 보내 궐기를 촉구하는 등의 역할을 해왔던 신규식은 3·1혁명의 소식에 누구 못지않게 감격하고 동포들에게 감사하였다. 그리고 활동에 발벗고 나섰다. 독립을 선언하였으니 이를 주도할 기관이 시급했다.

1919년 3월 하순 여운형·서병호·선우혁·김철 등과 상하이 프랑스 조계 보창로에 독립임시사무소를 설치하고 임시정부 수립문제를 상의하였다. 국내에서 손정도·현순·최창식 등이, 일본에서 최근우·이광수 등이, 만주와 시베리아에서 이동녕·이시영·김동삼·신채호·조성환·조소앙 등이, 미국에서 여운홍이 속속 상하이로 집결하였다.

예관은 밀려든 독립지사들을 한데 묶을 단체를 구상했다. 그래서 신석우와 여운형 등에게 상하이 고려교민친목회를 조직토록했다. 이 모임에서 회장에 신석우, 총무에 여운형이 선출되었고, 3백여 명의 교포가 모였다. 이어 비록 등사로나마 『아등의 소식』이라는 신문을 발행해서 배일선전과 한국 독립을 외치게 됐다.[*]

갖은 난관을 무릅쓰고 상하이를 찾은 인사들은 하나같이 조국독립에 열정이 넘치는 애국지사들이었다. 하여 임시정부를 세우는 데 뜻을 모았다. 일부 인사들은 이념·출신·지역색 등을 이유로 당이나 위원회를 조직하여 모두 수용하자는 의견을 냈으나 나라가 망하고 정부가 없어진 이래 국민의 뜻은 독립정부의 수립이라는 데 다수 의견이 모아졌다.

___

[*] 이이화, 「신규식」, 『인물한국사』, 266쪽.

예관은 박찬익·여운형·선우혁·서병호·한진교 등 청년 그룹과, 국내에서 온 현순·손정도 등과 함께 임시정부 조직에 관한 논의를 벌였다. 이 일은 원로격인 박은식·이시영·이동녕 등에게 이미 내락을 받아논 터였다.

이 일을 추진하면서 예관이 부닥친 벽은 우리 동포들의 고질적인 파벌의식과 지방색과 불순한 출세욕이었다. 대다수의 독립지사들이 사심없이 임시정부 창립을 위해 헌신하고 있는 마당에, 일부 인사들은 자파세력의 확장에 혈안이 되어 있었고, 또 감투 하나를 얻어 쓰기 위해 의리를 헌신짝처럼 버리고 별별 해괴한 짓을 하는 일이 벌어졌다.*

대한민국 임시정부가 1919년 4월 11일을 기해 수립을 선포하였다. 조각 명단은 국무총리 이승만, 외무총장 김규식, 내무총장 안창호, 군무총장 이동휘, 재무총장 최재형, 법무총장 이시영·교통총장 문창범이다. 신규식은 상하이에 임시정부 수립의 초석을 놓은 사람이었지만, 왠일인지 그는 조각에서 제외되었다. 당시 그는 신경쇠약증으로 병원에서 입원치료 중이었다고 하지만, 그럼에도 임시정부 수립에 그의 기여도를 보면 석연치 않은 일이다. 4월 23일 서울에서 발표된 한

---

* 이이화, 「신규식」, 『인물한국사』, 266~267쪽.

성정부에서 법무총장으로 선임된 것과 비교하면 더욱 그러하다.

상하이에 한국 독립운동의 터전을 마련한 가장 대표적인 사람은 예관 신규식이다. 그 가운데서도 1919년 4월 상하이에서 대한민국 임시정부가 수립될 수 있던 터전을 만들어낸 공은 거의 신규식의 몫이었다. 1911년 상하이로 망명하여, 이듬해 동제사를 결성한 것이 그 첫 걸음이다. 이어서 신아동제사(1915)와 신한혁명당을 만들어 중국 혁명인사들과 힘을 합치고, 제1차 세계대전의 추세를 지켜보면서 독립의 기회를 찾았다.

이러한 신규식의 작업 모두가 중국 지역에 한국 독립운동의 교두보를 확보하고 이를 다지기 위한 일련의 과정이었다. 더구나 1917년 발표한 「대동단결선언」은 근대국가를 건설한다는 방향을 제시하였다.*

그는 무관출신답게 권세나 명예욕 따위에 연연하지 않았다. 산모가 배제된 출산이었지만 임시정부 출범의 역사적 의미를 다음과 같이 피력하였다.

---

* 김희곤, 『중국관내 한국독립운동단체 연구』, 353쪽.

한국 임시정부의 조직은 무수 선열(先烈)의 선혈(鮮血)의 관개(灌漑)로 된 것이요 삼천만 자유를 애호하는 한민족의 옹호로 이룬 것이요. 전 세계 정의를 숭상하는 인사의 동정으로 해서 된 것이며, 천만 번 불굴 불소하는 혁명지사의 추진으로 된 것이다.

다만 왜구의 매와 개가 국내에 널려 있어 정령(政令)을 순조롭게 시행하고 국권을 펼 수 없으니 형세 부득이 국외에 안전한 곳을 택해 정부를 설치하여, 정권을 안정하고 정령을 관철하는 길을 구하게 된 것이다…… 국외 및 동북 등지에서 항왜(抗倭) 무장운동을 격동하고 여러 가지 직접 행동을 지도하여 왜국의 암흑통치를 전복하고 태극기를 거듭 경성에 휘날리게 하려는 것이다.*

■ 국무총리대리 맡아 임시정부 혼란 수습

신규식은 1919년 4월 30일부터 열린 제4회 임시의정원회의에서 충청도지역의원으로 선임되고 의정원부의장에 선출되었다. 의장은 손정도 목사였다. 1920년 3월까지 의정원의원, 부의장을 역임하였다. 그러나 1920년 7월 14일 부의장과 의원직을 모두 사퇴한다. 건강상의 이유 때문이다. 건강이 다

---

* 강영심, 『신규식의 생애와 독립운동』, 171쪽.

소 회복되면서 1920년 9월 법무총장이 되었다.

이 시기 임시정부는 내분에 휩싸이고 있었다. 초창기에는 국무총리 이승만의 선출과 관련 그의 위임통치론을 둘러싸고 이회영·신채호 등이 반대하고, 다시 3개 임시정부의 통합으로 직제가 바뀐 뒤에는 이승만 대통령과 이동휘 국무총리 사이의 갈등이 첨예하게 대립하였다. 일부 각료가 취임을 거부하거나 사퇴하면서 이동휘와 안창호도 임시정부를 떠나고 말았다.

이승만이 1921년 5월 하와이로 떠나면서 신규식을 국무총리대리로 임명하였다. 난마와 같이 얽힌 임시정부의 수습이 그의 손에 맡겨졌다. 5월 20일 임시의정원 폐원식에서 그는 단합을 호소하였다.

오늘의 폐원식을 당하야 무삼 말로써 제위께 들일지 몰으겠소. 다만 당석(當席)에서 엇은 감상을 말하겠소. 제원(諸員)께서 이 간험(艱險)하고 분규(紛糾)한 시국에 입(立)하야 위난을 무릅쓰고 여일히 분려(奮勵)하였슴을 감사하고 흠앙(欽仰)하오. 기성(旣成)한 국가에서라도 입법기관과 행정기관이 일치(一致) 협화(協和)치 못하면 기(其) 권력을 상실할 것이오.

그런데 오늘 우리 입법기관과 행정기관의 맥락이 잘 통하고 유지됨은 다 제위(諸位)의 협동하는 성력에서 출(出)함인 줄 아오. 우리

의 압흐로 행할 바가 대단하고 요원(遙遠)하니 우리는 더욱 분려(奮
勵) 하여야 될 줄 아오. 그리하면 저 왜적은 다 소탕될 지오. 설령
못 된다 가정할 지라도 적에게 한인의 기개를 보이는 동시 공포와
좌절을 줄 것이오, 따라 적에게 아부하는 자의 간담을 서늘케 할
것이오.

또한 앞으로 더욱 노력하고 분투하기를 의뢰하고 후망(厚望)하오.
그리하면 나는 비록 무력(無力) 무책(無策)하나마 성심으로 노력하
는 이를 따라 돕겠소. 우리의 장래는 낙관과 활망(活望) 뿐이외다.*

**이승만이 임시정부를 어지럽혀 놓은 채 홀연히 상하이를
떠난 뒤 수습은 온전히 신규식의 몫이 되었다.**

그렇다면 왜 신규식은 이승만이 떠난 뒤, 혼돈 정국을 떠맡고 나
섰을까. 이승만이 신규식을 2인자로 임명하게 된 이유가 있을 것
이다. 뚜렷한 자료는 보이지 않지만, 상황만으로 본다면, 이승만
에게는 별다른 선택의 여지가 없었던 것 같다. 그가 상하이에 도
착한 뒤, 국무총리 이동휘가 의견과 노선대립으로 말미암아 가장
먼저 대한민국 임시정부와 결별하였고, 뒤를 이어 안창호가 정부
에서 이탈하여 국민대표회 소집운동을 밀고 나갔다. 즉, 연해주와
미주 지역을 각각 배경으로 삼았던 대표적 인물 두 사람이 이승만
에게서 등을 돌린 것이다.

여기에다 이동휘의 후임으로 국무총리를 맡은 이동녕마저 체제 개

---

* 『독립신문』 1921년 5월 25일.

혁을 들고 나와 이승만과 부딪히다가 퇴진하고 말았다. 이승만으로서는 이제 내각구성마저 힘들게 되었다.

이승만에게는 연해주나 미주가 아닌 중국 현지의 지원을 받을 수 있는 인물이 필요했을 것이다. 특히 상하이의 정서에 맞는 인물이 바람직했는데, 이에 적합한 인물이 바로 신규식이었다.*

■ 중국정부로부터 사실상 임시정부 승인 받아내

신규식이 국무총리대리에 이어 외교부장을 겸직하며 임시정부를 수습하느라 동분서주하고 있을 즈음 결코 놓칠 수 없는 두 가지 큰 외교현안이 대두되었다. 하나는 미국 하딩 대통령이 해군군비축소문제와 태평양지역문제를 논의하기 위해 1921년 11월 워싱턴에서 열리는 태평양회의(일명 워싱턴회의)에 대비하여 상하이에 '태평양회의외교후원회'를 조직하고, 이승만·서재필 등을 대표로 파견하여 독립청원서를 제출케 하였다.

또 다른 하나는 쑨원에 의해 광둥에서 출범한 중국의 호법

___

* 김희곤, 『중국관내 한국독립운동단체 연구』, 359쪽.

정부에 대한민국 임시정부의 승인과 지원을 요청키로 하였다. 그는 외무총장이기도 하지만 자신이 누구보다 쑨원 총통과 호법정부 요인들을 잘 알고 있기에 직접 나서기로 하였다. 호법정부란 신해혁명 당시 입헌공화제의 약법(헌법)을 수호한다는 뜻이다.

이때까지는 이승만이 미국으로 건너갔으나 아직 임시대통령의 신분이어서 이와 관련 서한을 보낸 것이다.

> 광둥정부를 내용으로 승인하야 아국정부와 인연을 결(結)하여 각계 요인으로 접합 연결하고 금방 태평양회의에 광둥정부의 대표파견이 상금(尙今) 기점이오라 만일 파견케 되면 그 대표에게 예선 약속하야 아국문제를 회의에 제출케하고 진력방조케 하도록 하기 위함.*

신규식은 광둥으로 출발하기에 앞서 '대한민국 임시정부 국무총리대리 외무총장 신규식'의 명의로 중국의 각계 지도자들에게 태평양회의에 대표를 파견할 것과 중국이 한국의 독립을 도와야 할 근거를 제시하고, 같은 명의로 일본의 각 법률단체에 통고서를 보냈다. 「통고서」는 다음과 같다.

---

* 중앙일보사 · 연세대 현대한국학연구소, 『우남 이승만 문서』—동문편, 1998, 410쪽.

우리나라를 욕심낸 나라는 귀국이다. 지금 태평양회의를 앞두고 본국에서는 대회에 대표를 파견하려 한다. 귀국은 국제조약에 따라 대회에서 한국의 독립 문제를 제출하여 주기를 바란다. 이 문제는 귀국의 자구책 가운데 상책이다. 발칸문제 때문에 유럽전쟁이 일어났듯이 지금 귀국의 지위가 바로 서방의 발칸 사정과 똑같다. 때문에 동아전쟁이 일단 발동되면 귀국은 그 어느 나라보다 먼저 참여할 것이 조금도 의심되지 않는다. 본국 문제가 토의될 것을 희망하며 귀 정부를 재촉하기를 바란다. 이것은 귀국을 위한 자구책이며 양국을 위한 일이다.*

'정지작업'을 마친 그는 9월 말 민필호를 대동하고 홍콩을 거쳐 호법정부의 수도 윈난(雲南)에 도착, 정부의 주요 인사들을 만났다. 이때 윈난강무당(군관학교)에 한인 학생들을 교육시키기로 약조하고, 이후 약속대로 50여 명을 졸업시킴으로써 우리 독립군(광복군) 양성에 기여했다. 10월 초에 신규식은 비상총통부를 방문하여 쑨원을 만났다. 이 자리에서 「호혜조약 오관(五款)」을 제시하였다.

1. 대한민국 임시정부는 호법정부(護法政府)를 중국 정통의 정부로 승인함. 아울러 그 원수(元首)와 국권을 존중함.
2. 중화민국(大中華民國) 호법정부가 대한민국 임시정부를 승인할

---

* 국회도서관, 『한국민족운동사료(중국편)』, 1972, 518~519쪽.

것을 요청함.
3. 한국 학생의 중화민국 군관학교(軍官學校)에 수용 허가를 요청함.
4. 차관 5백 만 원을 요청함.
5. 조차지대(租借地帶)를 허락하여 한국독립군 양성에 도움이 되게
   하기를 요청함.*

그의 광둥방문은 상하이 『민국일보』를 비롯하여 『광동군
보』나 『사민보』 등 중국신문에 크게 소개되고 호법정부 요인
들은 국빈의 예를 다하여 그를 접대하였다. 그의 외교적 성
과는 컸다. 당장의 임시정부 승인은 아니었지만 사실상 승인
의 효과와 다르지 않았다. 그밖에도 이룬 것이 많았다.

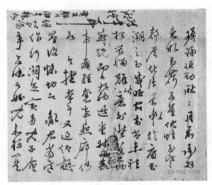

신규식 간찰

---

* 민필호, 「한중외교사화」, 김준엽 엮음, 『석린 민필호전』, 도서출판 나남,
  1995, 232쪽.

첫째 이유는 비록 '정부승인'은 아닐지라도 이를 찬성하는 쑨원의 의지가 광둥국회에서 '한국독립승인안'을 상정하고 통과시켰다는 점이다. 둘째 이유는 신규식이 쑨원에게서 공식적인 외교관계 성립을 상징하는 공식접견의 기회를 받아냈다는 점이다.

마침 10월 10일 광저우 북교장(北較場)에서 열린 신해혁명 10주년 기념식에서 신규식이 대한민국 임시정부의 대표 자격으로 참석하여 정식 외교절차에 따라 대총통을 접견하는 의식을 가졌다.

셋째 이유는 대한민국 임시정부가 1922년 2월 외무부 외사국장 박찬익을 광둥주재 대한민국 임시정부 대표로 파견하여 외교업무를 관장하게 하였는데, 호법정부에 주차(駐箚)하는 동안 호법정부로부터 매월 광둥 화폐인 호양(豪洋) 5백 원(元)씩, 6개월에 걸쳐 원조를 받았다는 점이다.*

---

* 김희곤, 『중국관내 한국독립운동단체 연구』, 370쪽.

제15장

민족사학자의 면모보인
저술활동

■ '통언'을 저술하여 중국신문에 연재

우리 독립운동 지도자 중에는 사학자가 많았다. 박은식·
신채호·장도빈·계봉우·정인보 등이 꼽힌다. 여기에 신규식
을 포함시켜도 무방할 것이다. 이들은 치열한 역사의식이 있
었기에 가열찬 독립전쟁에서 자신을 지키고 조국해방투쟁에
나설 수 있었다.

신규식은 『통언(痛言)』, 일명 『한국혼(韓國魂)』이라는 장편사
론을 1920년 10월 중국인이 상하이에서 발행하는 『진단(震
壇)』이라는 반월간지에 연재하였다. 연재하는 동안 독립운동
가들은 물론 중국지식인들로부터 큰 반향을 일으켰다. 그가

이 책을 집필한 것은 망명 직후부터 시작하여 1914년 탈고하여 틈틈이 수정한 것을 『진단』에 연재했다.

이 책은 그가 쓴 유일한 사론(史論)으로 내용은 어느 사학자의 사서(史書)에 못지 않지만, 안타깝게도 일반에 덜 알려지고 제대로 평가받지 않았다는 점이다. 중국의 지식인 고암(高巖)은 중국에서 발행된 『중앙일보(中央日報)』(중화민국 44년 4월 25일자)의 「한국 혁명지사 신규식」에서 "『한국혼』은 문천상(文天祥)의 「정기가(正氣歌)」와 같고, 피히테의 「독일국민에게 고함」과 같다. 절망보다 더한 슬픔은 없으므로 한국인은 응당 광복의 의지를 굳건히 해야 한다고 있는 힘을 다해 표명하였다."고 썼다.*

문천상이 감옥에 갇혀 지은 「정기가」는, 천지의 정기가 자신의 몸속에 가득하여, 비록 감옥에 갇혀 있기는 하나 어떤 악취도 자신을 침해하지 못할 것임을 서술하고 "천지가 가득 올바른 기운 있으니 / 엇섞여 온갖 형체 빚어냈네 / 땅에서는 강과 산이 되고 / 하늘에서는 해와 별이 되었네 / 사람에게서는 호연(浩然)이라 이름하였는 바 / 허공 중에 가득 차 있도다"라고 시작되는 장시이다.

---

* 예관신규식전집편찬위원회, 『전집』 ①, 46쪽.

『한국혼』은 민필호가 1955년 타이완에서 신문 연재의 순한문판 그대로 간행하였고, 김동훈 등 연변대 교수진이 1998년 8월 베이징 민족출판사에서 발행한 『신규식 시문집』에 처음으로 한글로 번역 소개하였다. 그리고 『전집』 제1권에 한글판과 원본이 함께 실렸다.

『한국혼』은 국망의 시기에 망명지식인이 우리나라 역사를 소개하면서 역사적 주요 대목을 강조하는 일종의 통사(通史)에 속한다. 하지만 연대기적인 서술이 아니고 그때 그때 저자의 사관을 드러내는 형식이다. 그래서 사(史) 대신 언(言)을 써서 '통언'이라 책명을 지은 것 같다. 적지 않은 분량이고 어느 대목 하나도 놓치기 아까운 글이지만, 임의로 발췌한다.

망국 백성들의 울부짖음이 아직도 귓전에 들려오는 이때 우리도 마침내 폴란드와 같은 신세가 되고 만 것이다. 우리는 지난날 폴란드인의 슬픈 운명을 애처러워 하였으나 지금은 스스로의 운명을 슬퍼하기에도 겨를이 없게 된 채 다시는 떨치고 일어나지 못한단 말인가, 저놈들에게 괴로움을 당하면서도 다시는 스스로를 구할 길이 없단 말인가. 우리 신명(神明)의 후손들은 스스로 멸망하는 것을 앉아서 바라보기만 하며 이것을 하늘이 빚어 낸 도태로 돌려 버리려는가?
아아, 우리 동포들이여! 잠깐만 시간을 내어 나의 눈물로 뿜어내는 원통한 이야기를 들어 달라. 눈물이 말라도 말은 그치지 않고 말이 그치더라도 마음은 죽지 않으리……옛날 중국의 오(吳)나라 왕, 부차(夫差)는 그의 아버지가 비참하게 죽은 것을 원통하게 생각하여 뜰에 한 사람을 서 있게 하였다. 그리고 늘 자기가 지나갈 때마다 "부차야, 너의 월(越)나라 왕이 너의 아버지를 죽인 것을 잊지 않았지?" 하고 외치게 하였다. 그때마다 그는 "예, 감히 잊지 않았습니다."라고 대답하였다.

이것은 오랜 세월에 걸친 비통한 이야기이며 그 영혼을 일깨우려고 했던 까닭이다.

■ 남의 것만 좇고 우리 것 얕잡는 근성 질타

책의 전면에 흐르는 맥락은 '민족혼'이다. 오늘의 관점으로는 다소 국수주의적이라 할 지 모르지만, 당시는 나라를 빼앗긴 채 타국을 유랑하면서 광복운동을 지도하는 독립운동가로서, '민족'의 정체성 회복과 독립이 가장 절박했던 시절이다. 다시 발췌한다.

신지식을 안다고 하는 학자들도 고적을 말하라고 하면 마니산의 제천단은 모르면서도 이집트의 금자탑을 자랑삼아 이야기하며 정평구(鄭平九, 임진왜란 때의 발명가)가 처음 만들어 낸 비행기는 몰라도 명불이 발명한 기구(氣球)는 과장하여 말하고, 인쇄활자는 반드시 독일과 네덜란드만 들먹였지 그보다 수백 년이나 앞서서 만들어진 신라·고려는 이야기할 줄 모른다.

문장을 배우고 글귀를 따는 데 있어서도 이태백이나 두보만 숭상하여 우리나라 고유의 학술문학은 배울 것이 없다고 하였다. 위인의 명언이나 훌륭한 행동을 말하라 하면 워싱턴이나 넬슨만 알았지 우리나라의 훌륭한 철학자나 뛰어난 인물들은 말할 것 없다고 하였다. 나도 이태백이나 두보의 문장을 사랑하지 않는 것은 아니다.

다만 우리 동포들이 자기 것을 버리고 남의 것만 좇음은 원치 않는 것이다. 어찌하여 우리나라 사람들은 어리석게도 스스로 얕잡아보는 근성과 책은 들추면서도 조상을 잊어버리는 기풍이 아직까지도 없어지지 않는 것인지 참으로 가슴아픈 일이다.

우리들의 어리석고 깨우치지 못함이 어찌하여 이렇게도 심한 것일까? 5천 년 역사 속에 우리들은 여기서 나고, 자라고, 먹고, 입고, 버젓한 나라를 세워 다른 나라와 어깨를 겨누며 살아왔다. 만약 예의도 교육도, 덕망 있는 인물도 없었다면 어찌 그렇게 오래도록 나라를 빛내며 이어 올 수 있었겠는가. 어쩌자고 오직 타국에서 대신 기록해 준 것을 제외하고는 우리의 일을 까마득히 모르는가. 잊어버림도 너무나 지나친 것이다.

제 나라의 역사조차 잊어버리게 되었으니 이대로 흐리멍덩하게 지나게 된다면 오랫동안 전해 내려온 얼마 안되는 기록들과 다른 사람이 써놓은 짤막한 문구들도, 오늘날 보배롭게 여기는 것들까지도 장차는 아주 남김없이 잊어버리게 되고 말 것이다. 그렇게 되고 보면 단군의 자손이니 부여민족이니 하는 것은 겨우 망국이라는 하나의 명사로 다른 나라의 역사에 남겨지게 될 뿐이요, 우리들의 마음속에는 '대한'이라는 두 글자의 자취는 영영 사라져 남아 있지 않을 것이다.

아아, 천지신명의 자손들도 다함께 생(生)을 타서 났고, 기(氣)를 품고 있으면서 그토록 앉아서 망하기만을 기다렸으니 뉘우쳐도 쓸데없는 일이다. 그렇다고 아주 멸망해 없어지는 것을 달갑게 여겨야 할 것이냐. 금협산인(錦頰山人) 신채호는 하동의 썩은 뼈를 꾸짖으면서 대동사(大東史)를 썼고 곡교소년(曲橋少年) 최남선은 서산에 지는 해를 탄식하면서 광문회를 만들고 홍암나자(弘巖羅子) 나철은 대종교리(大倧敎理)를 밝혔고 주시경 씨는 조국의 말과 글을 갈고 닦으며 연구하였다.

우리의 나아갈 길은 외롭지 않아 그런 기쁘고 다행한 일이 있으니 오직 바라는 것은 그것을 이어받을 사람이 일어나서 서로 찾고 호응하여 준다면 이것으로 나라가 망함을 뉘우치는 한 줄기 상징이 되어 장차 죽어가려는 인심을 되찾을 수 있으며 나라의 혼이 흩어지지 않게 할 것이다.

아아! 동포여 지금이 어떤 시기인가. 노예 아래서 노예가 되고 옥 속의 옥에 갇혔어도 깨닫지 못하고 여전히 어리석고 게으르고 거칠고 뿔뿔이 흩어진다면 그 죄값으로 나라가 망하는 것뿐만 아니라 눈깜짝할 사이에 종족이 멸절되는 화를 입을 것이다.(최남선이 변절하기 전에 쓴 글이다 _ 저자)

■ 단군을 구심점, 이순신 장군 기려

그는 대종교의 신도답게 국치를 당한 동포들이 하나가 되고, 일제와 싸워 국권을 회복하기 위해서는 국조 단군을 구심점으로 삼아야한다는 점을 강조하였다. 그리고 임진왜란 당시 나라를 구한 이순신 장군을 각별히 흠모하면서 길이길이 기려야 함을 역설한다. 다시 주요 부분을 인용한다.

우리나라를 열어 세우신 단군은 곧 우리들의 주재자다. 우리나라를 구한 장본인인 이순신은 우리의 통제자다. 우리가 진실로 민족주의를 품고 조국의 광복을 결심하고 실력을 가지고 행동하며 어려움을 피하지 않는다면, 그러한 사람은 본관이나 호적을 묻지 않고, 어느 파인가를 묻지 않으며, 남녀노소를 묻지 않으며, 멀고 가까움, 친함과 그렇지 않음을 묻지 않으며, 유명하든 그렇지 않든, 단체이든 단독이든, 온건이든 급진이든, 비밀이든 노골적이든, 공인이든 상인이든, 농부든 선비든 모두 우리들의 동지다.
우리는 동지 가운데서 그 공복이 될 만한 자를 가려 뽑아 맡겨 시키고 감독하며 아끼고 보호하며 찬조하며 믿고 따라가며, 부당한 것이 있으면 배척하되 다만 의심하고 시기하고 알력을 일삼아서 불화를 자아내서는 안 되며, 사람마다 법률을 믿어서 다스림을 받으면 당사자들도 또한 일정한 범위 내에서 함부로 벗어나지 못할 것이다.

'실력준비' 운운하는 것은 우리들이 마땅히 국민들의 말과 없어진 정신을 회복하고 나서 다시 올바르고 굳건한 의지를 결정해야 할 것이다. 10년 동안 끌어 모으고, 10년 동안 교훈하는 것은 우리들의 책임인 것이다.

아아! 오늘이 무슨 날인가. 우리들이 이 지난날을 뉘우치고 장래를 채찍질하는 새로운 기념일이다. 오직 우리 민족은 우리의 조종(祖宗)을 잊지 말아야 할 것이다. 우리의 시조께서 신으로 내려오시어 나라를 여신 달에 우리의 충무공 이순신이 나라를 구하다가 난에 순사하셨고, 또 우리 시조가 어천(御天, 하늘로 올라감을 의미)하던 달에 이 충무공이 탄강하셨다. 우리들은 10월 3일로써 우리 민족의 대 기념일로 삼아야 한다.

기념한다는 것은 잊어버리지 않는다는 상징의 표현인 것으로 우리의 정신이 배어있는 증거이다. 우리 조상은 신성한 영웅이요, 호걸로 계속 이어 왔으나 특히 우리 단군을 받드는 것은 백성을 내고 가르친 창시자이기 때문이다. 우리 시조의 자손들로 어질고 현명하고 명철한 분이 대대로 없었던 것은 아니지만, 특히 이 충무공을 받드는 것은 충효와 학문과 무예로 뜻을 다했던 분은 4천 년 사이에 오직 이 한 분뿐이기 때문이다.

그러니 오직 우리 국민은 여기에 귀착하고 여기에 의거하며, 이를 모범으로 삼고 이에 이름을 열며 이에 결합하고 이에 정성을 바치며, 이에 강세하고 이에 작업을 하며, 이에 복을 빈다면 하늘과 땅을 주관하는 신이 실로 그 뜻을 좇아 순순히 명하기를 "나아가서 쳐라. 내 너희로 하여금 크게 이기게 하리라"라고 할 것이다.*

---

* 예관신규식전집편찬위원회, 『전집』①, 53~90쪽.

제16장

항일잡지 '진단주보' 발행

■ 혼자서 23호까지 편집

신규식은 임시정부에서 주요 역할을 수행하는 동안 『진단주보(震壇週報)』를 발행하여 언론을 통해 독립정신과 항일투혼 그리고 내외정세를 분석하였다. 당장 무기를 들고 일제와 싸울 수 없는 상황에서 필탄이라도 적진에 투하하려는 의도였다.

『진단주보』는 1920년 10월 10일 창간호를 내고 1921년 6월 3일 제23호로 폐간될 때까지 거의 단독으로 주간지를 발행하다가 자금난으로 결국 문을 닫아야 했다.

『진단주보』 창간호에는 창간사가 3편이 실렸다. 『창간사

①』은 '본사 동인(同人)'의 명의로, 「창간사②」는 발행인 신규식의 명의로, 「창간사③」은 좌치수첸(佐治徐謙)의 명의다. ③은 중국의 지인이거나 호법정부 요인인 듯하다.

창간사①은 △한국인에게 고함 △중국인에게 고함 △일본인에게 고함 △구미인에게 고함 등의 항목으로 짜여있다. '한국인에게 고함'에는 다음의 대목이 특히 눈길을 끈다.

한국의 시조 단군(檀君)은 동방의 제왕으로서 헌정(憲政)의 비조(鼻祖)인데 자손들이 불행히도 대업을 승계하지 못하고 몰락의 아픔을 초래하였다. 그러나 근 십 년래에 한국인들은 와신상담하며 월(越)나라가 원수를 잊지 않듯이, 올바른 기개가 울분에 차 있다가 작년 3월부터 독립을 선포하며 한 번 펼쳤으니 이는 더욱 더 분발해야 할 정신이다.

정의와 인도를 위해 분투하고, 평화를 무장(武裝) 속에 포함하고, 공리를 강력한 힘을 가진 나라에 호소하면 만산초목이 모두 병사가 되기 충분할 것이다. 옛날 하(夏)나라의 소강(小康)은 일려(一旅)의 병력으로 나라를 중흥시켰고, 고구려의 대무신왕은 조그만 영토에 건국하였으나 많은 사람이 일치단결해서 강대한 힘을 이루어 일마다 성공하지 못한 것이 없었다.

나는 힘 있는 사람들은 종군하고, 재물이 있는 사람은 군비를 보내고, 지혜 있는 사람은 지략을 다하여 각기 할 수 있는 바를 다하기를 바란다. 곤란과 위험을 두려워하지 말고, 요행을 바라는 마음을 갖지 말고, 있는 그대로의 사실에 기초하여 옳은 것을 탐구하고, 바른길의 도움을 받아들이며 정론을 끝까지 지키면 비록 적이라도 역시 친구가 될 수 있고, 정론을 위배하면 비록 친구라도 적이 될 수 있다. 동인(同人)이 불민하나 동아(東亞)의 같은 문자를 쓰는 우의로 여러 군자의 뒤를 따라 힘써 공리와 인도에 대한 책임을 다하기를 원한다. 이것이 한국인에 대한 것으로, 정의로운 일에 적극적으로 나서서 모두 함께 돕기를 바라는 것이다.*

다음은 「일본인에게 고함」의 중후반이다.

일본 정부를 보자면 열강들에 대해서는 속임수를 주로 하고, 중국과 한국에 대해서는 강도 행위를 한다. 오래된 사상으로 새로운 시대적 추세에 대응하면 실패하지 않는 것이 없다. 하물며 일본의 고대교화(古代敎化)는 중국과 한국에서 나온 것인데 스승에게 칼을 들이미는 것은 도리에 더욱 어긋나는 것이다.

삼도(三島, 일본열도)에도 명철한 인사가 적지 않을진대 어찌 그 근원을 생각하지 않고 근본을 자각하지 않는가. 그러나 언론이나 신문을 보면 간혹 정부에 반대하는 이가 있으나 역시 명확한 표현이 없었다.

오호라 나는 진실로 일본 국민을 위해 애석해하지 않을 수가 없다. 무릇 강권 세계는 이미 종말의 날에 이르렀다. 독일을 패하게 한 것은 독일이지 연합국이 아니다. 러시아를 어지럽힌 것은 러시아지 과격당이 아니다.

---

* 예관신규식전집편찬위원회, 『전집』②, 41쪽.

독일과 러시아는 땅이 넓고 생산물이 많은데도 파산의 위기가 왔
는데 소소한 일본이 잘못에서 깨어날 줄을 모르니 그 위험은 더욱
이 말조차 할 수 없을 것이다. 이것이 일본에 대한 것으로, 국민들
이 스스로 깊이 반성하여 어지러운 세상을 바로잡아 정상을 회복
하기를 바란다.*

■ 창간사에 보인 식견과 통찰력

발행인 신규식의 「향후 우리의 책임」이란 제목의 창간사
는 이 시기 한국 지식인 독립운동 지도자로서의 식견과 역
사관 그리고 국제정세를 바라보는 통찰력이 담긴, 보기 드문
대논설이다.

창간사는 서언에 이어 ① 민족자결을 발휘한다. ② 독립과
평등을 주장한다. ③ 국제적인 우호관계를 형성해야 한다. ④
세계문화를 받아들인다. ⑤ 광복의 실상을 알린다 라는 소제
목으로 짜여진다.

서두에서 민족의 독립성을 함껏 제시한다. "우리 한민족은

***

* 　예관신규식전집편찬위원회, 『전집』②, 42쪽.

어디에도 구속받지 않는 독립된 민족으로 굳세고 과감하며 일찍부터 백절불굴의 특징을 지녔다. 설사 동방의 도이치 일본이 제멋대로 협박을 가해온다 해도 한국인은 예전처럼 용맹스럽게 전진하며 분투할 것이다." 이어지는 대목도 중요하여 소개한다.

여러 민족의 생존 원칙대로 우리 한국 역시 남에게 지배당할 이유가 없다. 또 장차 평화가 실현된 뒤로는 민족자결주의야말로 피할 수 없는 자연스러운 원칙이 될 것이다. 이러한 즉, 우리 한국인이 또 어찌 생존원칙을 위반하고 세계의 정의를 등질 수 있겠는가. 더욱이 세계에서 우리의 지위란 발칸반도 문제와 대등하다. 만일 우리 한국이 일본에게 유린당하게 되면 극동의 문제는 더욱 혼란스러워져 비단 중국의 멸망 위기라는 문제에서 그치지 않고 곧바로 열강의 기회 균등이라는 정세마저 여지없이 깨지고 마는 지경에 이를 것이다.

신규식은 여기서 1919년 3·1혁명의 역사성을 제기하고, 반성하지 않고 자행하는 일제의 잔학상을 질타한다.

작년 3월에 독립을 선포하자 세계인들이 비로소 우리 민족의 정신이 망하지 않았다는 인식을 갖게 되었는데도 일본은 식민지 정책을 조금도 거두어들이지 않고 여전히 폭력적인 방법으로 잔학하게 구니 인도주의는 발붙일 곳이 없었다. 그런데도 오히려 우리 한국인은 죽지 않고 한층 더 분발하였다. 앞사람이 넘어지면 뒷사람이 그 뒤를 이어나가고 뒤돌아보는 법이 없었다. 민족을 위해, 조국을 위해, 정의를 위해, 정당한 진리를 위해 싸웠다. 마지막 한 사람이 남더라도 살아서 항복하는 날은 없을 것이다.

이것이야말로 진정 우리 한국 독립혁명의 슬픈 역사이며 또 세계가 우리를 지목하는 이유이다. 기세가 들불처럼 퍼져나가자 우방국의 인사들이 우리를 돕고자 나서니 어떤 이는 양으로, 어떤 이는 음으로 독립을 지지하고 도와주었다. 그들의 진심어린 동정은 우리를 감동시켜 더 분발하게 하였다. 본 잡지는 이런 상황에 부응하고자 탄생한 것이다. 발행 첫머리에 향후 우리의 책임을 명시한다.

그가 다섯 가지 항목의 창간사에서 제시한 주요 내용을 차례로 살펴본다.

민족자결을 발휘한다.

민족이 존재하면 국가가 비록 망했더라도 아직 망한 것이 아니지만 민족이 사라지면 국가가 비록 존재한다 하더라도 이미 망한 것이나 다름없다. 관건은 패권국가의 압제에 달려 있는 것이 아니라 민족이 자결할 수 있느냐에 달려 있다.

파미르고원에 올라가 좌우를 돌아보면 광활한 평원이 펼쳐지는데 우리와 그들 중 누가 영웅인가? 러시아 민족은 자결을 알았기 때문에 자신들의 모국을 되찾을 수 있었다. 대만 민족은 자결을 알지 못했기 때문에 여전히 다른 나라에 운명을 맡기고 있다.

벨기에 민족은 자결을 알았기 때문에 옛 제도를 회복할 수 있었다. 헝가리 민족은 자결을 알았기 때문에 완전한 독립을 이룰 수 있었다.

평등·자유·박애 세 가지를 표방하는 국가는 민족의 결집된 의견을 저버리는 악수는 결코 두지 않을 것이다. 그러므로 민족을 단위로 국가의 경계를 구획 짓는다면 세계는 영원히 평화로울 것이다. 이리하여 설령 대동주의로 먼저 국가제일주의를 타파하는 것을 전제로 하더라도 과도기에는 민족자결을 자치(自治)를 실행하는 방안으로 삼아야 한다.

■ '독립과 평등'을 제기하다

신규식의 창간사 중 다음 대목은 당시 임시정부 요인들의 일반적인 시각이었을 것이다.

독립과 평등을 주장한다

우리 한국은 오천 년의 위대한 문명을 지닌 나라로 독립국가의 단단한 기반을 가지고 있으니 이 점은 세상 사람들이 공인하는 바일 것이다. 시조 단군께서 처음으로 백성을 존중하는 정치로 호소하였으니 사람들은 덕치에 감화되어 독립의 정신을 우뚝 세워 강권에도 꺾이지 않았다.

중세에는 중국에 조공을 바쳤다는 역사적 기록이 있지만 이는 단지 왕실의 전례를 나타낸 것이지 결코 우리 삼한 민족의 결집된 의견은 아니었다. 또 완전히 독립되어 중국의 간섭을 받지 않았으니 구속받지 않는 우리 민족의 특징은 여기에서 보듯 더욱 분명하다. 근대에 들어 일본, 거란, 몽고 등에게 침략을 당했으나 그때마다 불굴의 의지로 이들을 물리쳤다. 영광스러운 역사를 우리는 당연히 기억해야 할 것이니 이민족으로부터 침략을 당하면 민중의 기세는 격앙되어 결코 폭력에 항복해 무릎을 꿇는 일은 없었다.

미국의 박덕(博德) 씨는 "삼한 민족은 남에게 구속받지 않는 독립적인 정신을 가지고 있다."라고 하였다. 이는 우방국 인사의 관찰이라고 하지만 또한 우리 민족이 스스로 자신하는 바이다.

더구나 오늘날 자유와 평등이 이미 한 국가의 통치 원리가 된 경우임에랴! 우리가 세계적 조류에 따라 할 수 있는 일은 독립된 국가의 국민이 되는 것이고 더욱이 굴레를 벗어버린! 국민이 되어야만 하는 것이다. 나아가 근본적으로 자신의 생존은 자기 스스로 책임진다는 각오를 가진 국민이 되지 않으면 안 된다. 그러므로 국가의 평등문제는 응당 완전한 독립의 문제와 동시에 해결해야 한다. 무릇 독립되지 못한 상황에서의 평등이란 국민이 여전히 남의 밑에 굴복되어 있는 경우요, 불평등한 독립이라면 그 국제적 지위는 여전히 낮다. 그러므로 일본으로부터 완전한 독립을 쟁취하고 동시에 세계를 향해 평등을 요구하는 것은 국가를 위한 방책이라고 할 수 있으니 부득불 수많은 동포의 피로써 그 대가를 지불해야 할 것이다.

광복의 실상을 알린다

우리는 생명을 버려 옛 땅을 되찾아야 한다. 이는 선열과 지사들에게 있어 참으로 가슴아픈 일이다. 일본은 '지방자치'와 '교육평등'이라는 사악한 명분으로 우리나라 사람과 우방국들을 속이고 있다. 이런 풍문이 퍼져나가자 몇 번이나 우리의 목숨과 맞바꾸어 이룩한 독립의 실상이 은폐되어 버리니 한마디로 슬픈 일이다. 우리 한국인의 교양 있는 행동거지나 거침없는 태도는 한국을 경험해 본 외국인들이면 모두 목격한 사실이다. 비록 흉측한 일본인들이라 하더라도 그것을 제지할 수는 없다.

그러므로 모든 상세한 정황을 신속한 방법으로 우방에 알려 정의가 무너지지 않고 나라가 망하지 않았으며 인도주의와 민족이 사라지지 않았음을 세계인들이 알게 해야 한다. 뿐만 아니라 일본인들의 잔학무도한 진상을 남김없이 폭로해야 한다.

이상의 각 항목은 본보의 중요한 요소이자 우리들이 책임져야 하는 향후의 문제들이다. 우리는 이제 감히 우방에게 고한다. '동아시아의 평화', '무력제거', '인도주의', '정의', '박애', '평등'과 같은 입으로만 떠드는 문명을 우리는 이미 귀 아프도록 들어왔다. 그러나 믿음을 주도록 실행하는 것은 여러 우방국들의 최후 결심에 달려 있다고 본다.

나아가 바라는 것은 중국과 미국은 앞장서 인도주의를 견지하면서 동시에 떼려야 뗄 수 없는 관계이니 만일 강한 자를 억누르고 약한 자를 돕겠다는 신념으로 동아시아의 항구적인 평화를 보장한다면 우리 한국이 그 혜택을 누리게 될 뿐만 아니라 동아시아는 물론 세계도 그 혜택을 얻게 될 것이다. 우리는 다시 우방의 인사들에게 소리 높여 외친다. 천하의 흥망에는 필부에게도 책임이 있는 법, 하물며 독립은 우리 생존 문제이니 결정적인 중요한 시기를 조금만 늦추어도 기회는 가버릴 것이다.

만일 정의가 널리 퍼져 다행히 큰 나라의 도움을 받게 된다면 이는 우리가 바라던 것이다. 설령 그렇지 않더라도 우리는 한마음으로 협력하여 세계 평화와 인도주의를 위해 싸워야 할 것이다. "이 태양은 언제 망하는가. 너와 나 같이 망하자와 같은 절망적인 상황에서도 철석같은 굳은 마음으로 길이 빛나도록 행동하자. 저들이 속임수로 나오면 우리는 진실로 맞서고 저들이 폭력으로 나오면 우리는 인의(仁義)로 맞선다." 저들의 군대가 비록 뛰어나다고 하나 우리는 기꺼이 목숨을 내놓을 준비가 되어 있다. 저들의 무기가 날카롭다 하더라도 우리는 피를 뿌릴 각오가 되어 있다.

산하는 우리의 요새요 초목은 모두 우리의 무기이다. 우리가 오래 버티면 저들은 끝내 스스로 망할 것이고 모든 일을 책임진 일왕(日王)일지라도 어찌 그 자리를 영원히 차지하고 죽지 않을 수 있겠는가? 국민들이여! 국민들이여! 뙤약볕이 한창 이글대는데 언제 함께 오려는가!*

---

* 예관신규식전집편찬위원회, 『전집』②, 49~50쪽.

제17장

시문에 나타난 글 향기

■ 선열·동지들에 대한 시문과 서한

신규식은 독립운동의 최일선에게 활동하는 동안 일가친지와 독립운동 선후배·동지들과 수시로 서한을 주고받았다. 그리고 저서 『아목루』에는 역사인물과 활동중인 애국지사와 중국지인들에 대해 기록을 남겼다. 또 선열들에 대한 추도문과 만장을 지었다. 여기서는 임의로 '향기나는' 몇 편(수)을 골라 소개한다.(제목은 한글로 고쳤음을 밝힌다)

신채호에게 부치다
넓디넓은 산하 그물에 걸렸는데

황백필 흩날리며 마음 못 놓네

강개한 마음 홀로 주먹 쥐며 천주(天柱, 하늘을 떠받치고 있다는 기둥)를
기대하고

종횡무진 웅필은 대공지정(大公至正, 공평무사)의 도를 잡았도다

오늘날의 국토는 단단한 껍데기일 뿐

창생들은 어디서 사충(沙蟲)이 되어 우는가?

인간 세상에 내려온 게 잘못된 일일 터

어찌 전도가 만 겹의 길임을 한탄하리오.

박은식의 편지에 답하다

이날 홀로 신강(申江, 상하이 황푸강)가 누각에 섰노라니

강물도 구름도 아득히 흘러만 가네

겨레를 떠나 한 마음으로 3년이 지났는데

고통과 치욕의 한 해가 또 다시 저물었네

말 탄 이의 굳센 마음 갈수록 장하거니

거울 속 백발이 무슨 대수리오

새해의 만사에 기원도 많으련만

저마다 굳게 다진 맹세만 잊지 말자 하네.

조소앙에게 주다

한 조각 맑은 영혼에

죄과일랑 나와는 무관하다

하늘 우러러 길게 읊조리며 섰노라니

밝은 달빛이 고요한 산에 가득하고나.

홍명희에게 드리다

재주가 뛰어나단 그 이름 일본에 떨쳤거니
중원에서 악수하고 깊은 마음 보였어라
천궁에 분명히 알리니 시조가 계시고
해상에서 맹세하니 위인이 알아보누나
한 세상 함께 함이 어이 뜻이 없으랴
젊은 시절 좋은 벗으로 기약할 만 하리
산 첩첩 물 겹겹한 이번 길 떠나거든
그대 몸조심 하시고 깃발 날리시기를.

노백린에게 부치다

품은 마음 다 말하지 못했는데
앞길은 티끌먼지로 어두워지네
온 중국 땅 지금 복잡하게 돌아가니
바다 너머에서는 일을 해내리라
기쁜 마음으로 앞날을 기약했는데
아쉬울 손, 흰 눈발만 휘날리누나
비바람 속에 닭 우는 소리 급하니
누구를 일깨워 호기를 만들려나.

손병희의 회갑축하

내 고향의 놀랍고도 걸출한 분
평지에서 본 신선이로다
의무는 백성이 곧 나라이며

인내천은 그 이념이어라
신력으로 세 번째 되는 해
회갑을 맞으신 초여드레인데
감금당하신 일 죄가 아니니
그 이름 길이 빛내리라.

안중근 의사 만사
눈물 뿌리며 모친께 하직하고 나와
손가락 자르며 대중에게 맹세하셨네
평소의 뜻 이루지 못함을 통한하시고
몸 바쳐 적 죽이길 사양치 않으셨도다
온 세상 사람들 일시에 모두 놀랬으리니
선생은 참다운 열사이기에 부끄럼 없도다
평화를 유지함이여
독립을 회복함이여!
유언 저버리는 신세를 면치 못하더니
결국 도적들 국통 차지했도다
이 강산에 뼈 묻을 곳 물을 데 없으니
뒤에 죽을 자가 어이 위령할꼬.

그는 망명생활 내내 홍암 나철이 중광한 대종교인으로 활동하고 사상적으로도 많은 영향을 받았다. 나철이 1916년 8월 15일(음) 구월산 삼성사에서 순명(순교)하였다. 신규식은 「홍암 선생 추도문」과 「만장」에 이어 「애도시」 다섯 수와 2주기에는 별도의 추모시를 지었다.

애도시 (1)
백옥 같은 마음에 무쇠 간담으로
근심스런 나라 걱정에 혼신 다하였도다
의로운 목소리 맹약 어긴 죄를 질책하였고
조약 체결한 간적들 주살하려 칼을 품었네
두옥 속에도 우리 대중의 고통을 어이 견뎠으랴
신분 밝히고 대신 중형 받아도 태연하였느니
티끌세상 요망한 기운데 어둡게 막혀 버렸거늘
이 사람 나오지 않았다면 세도 험난했으리.

(2)
하늘에서 오는 희소식은 소생하여 돌아옴인데
산악이 선생을 내심에 큰 어려움 시험함이라
신령한 성정의 공부는 천제에까지 통하였고

묘향은 그에게 인간세상 구제하게 했어라
마치고 나니 사람들 신시로 돌아가고
진단(震壇, 우리나라)에 내려온 삼한을 조술하였어라
가시덤불 헤치면서 그 옛날 자취를 찾아
휠휠 지팡이 짚고 백두산으로 향하시리.

(3)
북쪽 대륙 갔다가 다시 남한을 향하니
세상의 목탁 되어 천하를 두루 다니시려 했네
악마들 번번이 십자가로 메우려 꾀하였고
큰 영웅 어찌 삼한에 이름을 두려워하리
인간만사 앞으로 누구를 의지할 것인가
하늘에서 신령의 목소리 느닷없이 들려왔네
태산이 무너지고 대들보가 꺾이어졌으니
차마 아사달산으로 머리 돌리지 못하겠네.

(4)
지난 십년동안 서로 속마음 터놓고
비바람 속 함께하며 금란(金蘭之交의 약칭)을 맺었어라
한 목숨 살린 은혜 이제 갚고자 하였는데
순명삼조(殉命三條, 나철의 유서)를 차마 볼 수 없어라
장수를 바라며 높은 산처럼 늘 우러렀더니
8월 난새 타고 가시니 쫓아갈 수 없어라
해 넘어가는 하늘가에 처량히 서있자니

동에서 오는 호연한 기운 천지에 가득하여라.

(5)
손 씻고 유서를 읽자니 눈물 절로 떨어지고
봄바람 때맞은 비처럼 어둔 우릴 감동시켰네
외로운 충정은 언제나 이 겨레를 염려하셨고
대종교의 도는 저 중생들에게 무량하였네
원수들은 이제 강적을 제거했다 말들하고
우리들 무엇으로 신명께 보답하리오?
중중첩첩 끝없는 이 감회 속에
종국(倧國, 우리나라) 앞길에 이 같은 이 없으리.*

---

* 이 부문은 『전집』①-②에서 발췌함.

좌절의 늪 그리고 서거

제18장

■ 큰 업적에도 국무총리대리 사임

우리 독립운동가들이 크게 기대했던 워싱턴의 태평양회의는 한국문제를 외면하였다. 한인대표들의 참석조차 허용하지 않았다. 미국과 영국 등이 일본과 한편이 되어서 방해한 결과이다.

쑨원과 회담을 성공리에 마친 신규식은 중국 호법정부 요인들과 중한협회(中韓協會)를 열고 워싱턴에서 열리고 있는 태평양회의를 측면 지원하였다. 한국에 대한 을사늑약과 병탄조약 그리고 중국에 대한 21개조의 무효임을 주장하고 한국독립을 촉구하는 선언을 발표, 이를 전문으로 각국 대표에게 발송하였다.

그럼에도 서구열강과 일제는 한국과 중국문제를 철저히 외면했다. 워싱턴회의가 성과 없이 마무리되자 임시정부는 크게 실망하면서 내부 진통을 겪었다. 신규식이 중국 호법정부를 상대로 얻은 성과와는 별개로 국민대표회의 추진운동이 거세게 일었다.

기대가 큰 활동일수록 그 결과에 따른 영향 또한 클 수밖에 없다. 정부 차원에서 가능한 외교수단을 총동원하여 활동을 폈지만, 태평양회의가 기대한 것과 전혀 동떨어진 방향으로 끝나버리자, 대한민국 임시정부는 다시 안팎으로 큰 시련에 부딪히게 되었다. 태평양회의 전후로 잠시 소강상태를 보이던 국민대표회의 추진운동은 다시 불꽃을 튀기기 시작했다.

이를 견디다 못한 신규식 내각은 물러서기로 작정했다. 내무총장 이동녕이 1922년 2월 말에 사임서를 제출하자, 신규식은 마지막으로 혼신의 노력을 기울이다가, 3월 20일 끝내 이시영과 함께 사직하고 말았다. 노백린 군무총장을 제외한 국무원 전원이 총사퇴를 결의하고 만 셈이다. 이로써 임시정부는 사실상 무정부 상태에 빠져들었다.*

---

* 김희곤, 『중국관내 한국독립운동단체 연구』, 375쪽.

신규식은 이에 앞서 2월 8일 열린 제10회 의정원 개원식에서 국무총리(대리)로서 '고사(告辭)'를 통해 단합할 것을 요망하였다.

아국 독립을 다시 선언한 지 어자(於玆) 사재(四載)에 외적과 내간(內奸)을 아직도 잔제(殘際)치 못하고 조국의 촌토(寸土)도 아직 회복치 못함은 우리 전민족이 공히 통한하는 바이며 독립에 직접 종사하는 '독립운동자'들의 한가지로 울분하는 바인 중국민의 중탁(重託)을 수(受)하야 그 전구(前驅)로 입(立)한 대한민국 임시정부국무원 제인(諸人)은 각기 소존(所存)과 소능(所能)을 0진(0盡)하야 4년이나 효로(效勞)하였으나 현(顯)히 진행 성취함이 무(無)함은 무재(無才) 무능의 소치이라 고성(顧省)할 시에 송한(悚汗) 공구(恐懼)한 바 무비(無比)이며,

더욱 비재(匪材)로 외(猥)히 국무수규(首揆)의 석(席)에 재한 여(余)의 심사(心思) 여하(如何)는 제군과 및 국민이 응당 상상(想像)하리라 하노니 재능이 결핍(缺乏)하야 대업을 진전 성공치 못한 책(責)을 부(負)하고 추현(推賢) 양능(讓能)의 소지(素志)를 수행함으로써 국면(局面)을 전개하야 신로(新路)를 척도(拓導)코져 함이 여(余)와 및 다수 각료의 정(定)한 직성(直誠)의 의사(意思)라.

그런대 경망을 피하고 신중을 고(顧)하는 중 그 실현은 다만 시간문제일 뿐이니 의원 제군은 현재 진행되는 모든 안건을 토의할 것은 물론이려니와 공기(公器)의 유지와 및 그 진전에 관한 모든 책안(策案)에 대하야 세계 대세와 오인(吾人)의 처지와 아한민중의 심리와

및 정부 각원(閣員)의 고충을 완전 투철(透徹)히 영해(領解)하야 비상한 각오와 결심과 용기와 공성(公誠)으로 의정(議定) 실행함을 여(余) 비록 불초하나 제 각료와 공히 직(職)에 재(在)한 일일(一日)에는 일일(一日)의 직을 갈성(竭誠) 이행하려니와 또한 진퇴에 무관히 공기(公器)유지(維持)와 대중(大衆) 진전(進展)에 시종 노력하랴함을 제군은 기억할지며 협조할 지어다.*

그는 일찍부터 무관출신답게 직위나 감투에 연연하지 않았다. 한 연구가는 이 시기 정부각료로서 그가 이룩한 업적을 다음과 같이 정리하였다.

첫째로 법무총장에 취임하여 정부조직 초기의 모든 절차와 규정을 정리하였다는 점이다. 그 가운데 하나를 들면 그는 「임시지방교동사무국장정」을 만들어 안둥현에 교통사무국을 신설함으로써 국내와의 연락거점을 확보하였던 것이다. 이로부터 공작원의 왕래, 비밀문서와 군자금의 연락·중계가 원활해졌음은 물론이다.

둘째로 1919년 10월에 발간을 중단한 임시정부의 기관지 『독립(獨立)』을 1920년에 『독립신문』으로 개제(改題)하여 발행하였을 뿐만 아니라 『신대한』·『대한임시정부공보』 등을 발행하여 임시정부의 활동을 널리 선전하였다.

* 『독립신문』 1922년 2월 15일.

셋째로 1921년 2월 18일에 신규식은 새로이 발족을 본 중화민국 호법정부(護法政府)의 대총통 쑨원을 대한민국 임시정부의 대표자격으로 방문하여 국서를 전달하고 대한민국 임시정부의 승인을 얻는 데 성공하였다. 뿐만 아니라 그는 양국 정부간의 외교관계 수립·5백만원의 차관문제·한국청년의 중국군관학교 입교문제, 그리고 한국독립운동에의 원조문제 등 여러 현안문제를 타결하였다.

또 중화민국정부의 북벌서사식(北伐誓師式)에 정식 국가대표로 참석하였다. 이는 의국사절로는 유일한 빈객이었고 이것은 한·중 양국간의 우호관계의 재확인이라는 점에서 볼때 임시정부의 존립기반을 더욱 튼튼히 만들었다.*

■ 43세, 25일 단식 끝에 순국

일모도원(日暮途遠) - 해는 저무는데 갈 길은 멀고 아득하다는 말이 있다. 여기에 당나라 시인 백거이(白居易)는 '오생기

---

* 민기, 「임정수립의 원훈 신규식」『근대의 인물(2)』, 양우당, 1988, 145~146쪽.

차타(五生己蹉跎)'- "몸은 쇠약한데 앞으로 해야 할 일은 까마득하게 많음"을 덧붙혔다.

32세 때인 1911년에 망명하여 온갖 고초를 겪으며 임시정부의 초석을 놓고, 이승만이 잔뜩 어질러놓고 떠난 정부의 국무총리대리로서 수습에 나섰으나 난마와 같이 엉킨 실타래는 쉽게 풀리지 않았다. 큰 갈래는 기존의 임시정부를 고쳐쓰자는 개조파와 임정자체를 부정하고 새로이 수립하자는 창조파의 대결이었다. 이같은 대립은 임시정부 안팎에서 전개되어 독립운동전선의 총체적인 분열상으로 나타났다.

10여 년간 지극정성으로 공들여 쌓은 임시정부라는 희망의 탑이 무너지는 듯한 절망감에서 신규식은 몸부림쳤다. 동지들을 만나 설득하고 호소했으나 방향은 쉽게 열리지 않았다. 설상가상 격으로 중국광동정부(호법정부)의 분열상이었다. 광동의 군벌 천중밍(陳炯明)이 쑨원에게 반기를 들고 혁명세력 요인들의 체포령을 내렸다.

호법정부로부터 대한민국 임시정부의 승인을 받아내고, 중국혁명의 성공을 통해 한국의 독립을 이루어야 한다는, 그래서 두 정부의 관계를 운명공동체로 인식했던 터여서 충격은 더욱 컸다. 5월 이후 신규식은 임시정부의 분열과 동지들 사이의 적대로 심장병과 신경쇠약의 증세가 악화되고 있을 즈음에 발생한 천중밍의 쿠데타 소식은 그를 병석에 눕게하는데 치명타가 되고 말았다.

중국혁명의 실패, 임시정부 변혁논의를 둘러싼 계파간의 극한 대립, 임시정부 내부에서 전개된 의정원과 대통령의 대립 등 한국독립운동이 운동방략을 두고 진통을 겪고 있는 현실을 보면서 신규식의 상심은 더욱 깊어졌으며 그로 인해 병도 날로 악화되어 갔다.

수면과 음식의 양이 날로 줄어들고 말수도 적어져 갔다. 다만 그 눈초리만은 전과 다름없이 예리하였으며 전보다 더 음울한 빛이 감돌았으나 몸은 날로 여위고 파리해졌다. 그래도 예관의 자태는 예전이나 다름없이 엄숙하고 단정했다고 전한다.*

상하이 임시정부 시절에 신규식을 보필했던 민필호는 장인의 병상의 모습을 다음과 같이 기록한다.

7월 초순경 어느 날인가, 선생께서는 또한 창 앞에 서 계셨다. 점점 움푹하게 들어간 눈으로 선생께서는 슬프게 창밖 하늘을 쳐다보셨다. 역시 점점 홀쭉해진 양쪽 볼에는 아픔을 지닌 주름살이 접혀 있었다. 그날은 찌는 듯이 무더운 여름

* 강영심, 신규식의 생애와 독립운동」, 131쪽.

날이었고, 바다 바람이 창밖에서 지긋이 불어 스며들고 있었다. 그러자 선생께서는 갑자기 비통하게 높은 목소리를 내셨다. 이번에 하시는 말씀은 옆방에 있던 사람들에게도 똑똑히 들을 수가 있었다.

나는 아무 죄도 없습니다. 나는 아무 죄도 없습니다. 다시 봅시다, 벗들이여…나는 가겠소. 임시정부를 잘 간직하시고, 3천만 동포를 위해 힘을 다해 주시오. 나는 가겠소…. 나는 아무 죄도 없습니다."

그 후로 선생께서는 줄곧 침상에 계시며 음식을 끊으시고 다시는 말씀이 없으셨다. 25일이 지나도록 선생께서는 음식도 안 드시고 말씀도 안 하시고 눈을 감으신 채 줄곧 누워만 계셨다. 매일 약간씩 물을 마실 뿐, 동지들이 혹 음식을 권해도 굳게 거절하셨다.

그는 9월 1일부터 25일까지 불식(不食)·불언(不言)·불약(不藥)으로 일관하면서 임시정부 요인들과 독립운동가들에게 민족적인 대의에 따라 단합할 것을 호소하였다. 25일 동안 단식을 결행하면서 마지막의 말씀은 "정부! 정부!"였다. 임시정부로 단합하라는 호소였다.*

---

* 예관신규식전집편찬위원회, 『전집』 ①, 334쪽.

우울과 병환과 굶주림이란 세 가지의 시달림에 선생의 병세는 더욱 무거워졌고, 모습이 아주 야위고 쇠약해져서 보기에도 두려울 정도가 되었다. 동지들도 더 참고 볼 수가 없어 드디어는 억지로 음식을 드시도록 했다. 몇 사람이 선생의 팔다리를 붙잡아 움직이지 못하게 하고, 항문으로 주사하여 우유며 계란 같은 영양품을 보급해 드렸다. 그러자 선생의 몸은 비록 반항하지 못하셨으나, 감았던 눈을 갑자기 뜨고 보시는 눈초리에는 노여움이 자욱했다. 이 며칠 사이 선생의 얼굴에 나타난 고통은 도저히 그려낼 수가 없다.

선생께서 음식을 끊으신지 25일 되시던 8월 5일, 선생은 그렇게나 사랑하던 대한의 2천만 국민과 그렇게나 사랑하던 중화민국, 그리고 사랑하던 피눈물의 동지들로부터 떠나셨다. 선생께서 임종하실 때의 마지막 유언은 잘 알 수 없으나 다만 '정부! 정부!'라고 하시는 말을 들었을 따름이었다. 그 이외로는 아무 부탁도 하신 바 없었다. 향년 43세로, 자녀에는 따님 한 분과 아드님 한 분이 있었다. 따님의 이름은 명호(明浩)로 민씨 집안에 출가했고, 아드님 상호(尙浩)는 선생께서 세상을 떠나실 때 열 살이었으나, 열일곱 살 때에 항저우(杭州)에서 요절했다. 그리하여 항저우 교외에 안장했다.[*]

---

[*] 예관신규식전집편찬위원회, 『전집』 ①, 335쪽.

210 | 독립운동의 선구 예관 신규식 평전

8월 5일 가족이 지켜보는 가운데 43세의 짧지만 굵은 생을 접었다. 우리 독립운동가 중에 단식 끝에 절명한 분은 예관 선생이 유일하지 않을까 싶다.

■ 상하이 공동묘지에 안치, 1993년에야 유해봉환

임시정부가 출범한 이래 가장 극심한 시련기를 맞고 있을 때, 그 주춧돌을 놓았고 임시의정원과 정부에서 요직 그리고 중국 호법정부와 가교 역할을 해온 예관의 서거는 독립운동 진영에 큰 충격이 아닐 수 없었다. 기관지 『독립신문』의 부음 기사이다.

신군(申君)은 금년 43세로, 한국의 명문가에서 태어나 7세에 능히 문장과 시를 지어 신동의 칭이 있었다. 어릴 때 이미 애국과 변란 평정의 책임감을 품고 있었고, 22세에 육군사관학교(무관학교)에서 학문을 쌓아 군대에서 복무하였다.
한국이 오랑캐에 의해 보호국이 된 후부터 지방군대와 암암리에 연락하여 의거를 계획하였으나 이루지 못하고 음독자살하려 했으나 사람들에 의해 구원되어 죽지 않았다. 이로 인한 눈의 이상으로 흘겨보는 눈이 되어 스스로 예관이라 호를 지었다.

한국 망국 후 여러 차례 광복을 도모하여 위난을 겪었다. 신해혁
명 때 중국에 와서 손(孫)·황(黃)과 투합해서 공헌하여 매우 중시
되었다. 이후 중국에 정착하였으나 여전히 시시로 독립선포를 획
책하였고 임시정부를 상해에 설치하였다.

신군은 사법총장에 선임되었고, 후에 다시 총리대신대리와 외교
를 겸하여 분망하게 총관하다가 심신이 모두 과로하여 뇌질환이
왔고, 끝내 일어나지 못했다. 신군은 한문에 정통하고 서예에 능
통해서 중국인 중에도 절친한 친구가 많았다. 집안이 청빈하여 사
재(私財)를 쌓지 않았고, 아들 하나를 남겼는데 겨우 10세이다. 본
국의 동지들이 상해에 많지 않아 사망 후 장례를 갖출 수가 없었는
데, 들건대 머지않아 모처의 외국인묘지에 안장할 것이라 한다.*

상하이의 중국 시사주간지 『동명(東明)』은 다음과 같은 부
음 기사로 그의 죽음을 애도했다.

찬 밤에 달이 푸른 단풍나무를 비추는구나
사람의 일이 이에 이르니 하늘의 도를 어찌 논하겠는가
이제 절망이로다. 지성 일관으로 살아오신 분
상하이에서 영원히 돌아가신 예관 신 선생.**

중국의 대표적인 신문인 『중화신보(中華新報)』는 「신규식군

* 『독립신문』 1922년 9월 30일자.
** 『동명』 1922년 10월 1일.

빈장기(殯葬記)」에서 장례의 모습을 상세히 보도하였다.

작고한 한국독립당 임시정부 대리총리 신규식선생을 어제 안장하
기로 한 것은 이미 앞선 보도에서 본 바 이에 상세히 보도하면, 빈
례(殯禮)는 어제 낮에 거행되었고 영구차는 2시 반에 애인리(愛人里)
상가에서 출발하였는데 영구차 줄을 잡고 걷는 사람이 200여 명
이나 되었다. 그중 중국인은 은여려(殷女驪)·황복생(黃復生) 등 30
여 명이 있었는데 모두 신군과 오랜 교분이 있는 친구들이었다.
만장 등은 수백 폭으로 모두 중국 친우가 기증한 영구차의 인솔로
장빈로(長濱路)를 경유하여 복개삼로(福開森路)를 돌아 홍교로(虹橋
路)로 나와 만국공묘(萬國公墓)에 도착하였다. 연도는 조용하고 엄
숙하였으며 마차도 소리가 없었다. 초가을의 들 풍경은 서로 어울
려 낙엽은 온 천지에 가득하고 백설은 하늘에서 날려 사람들의 슬
픔을 더하기에 족했다.
공묘에 도착하여 영구를 식장에 안치하고 한국교포 수인이 이어
서 연설하니, 가족들은 흐느끼고 조문객들은 슬퍼하여 기자도 애
석함에 말을 잇지 못했다. 중국 내빈에 신군과 교분이 오랜 왕군
(王君)이 있었는데 역시 연설을 하고 약 1분 동안 돌며 묵도례(黙禱
禮)를 하고, 마침내 한국교포들이 관을 들고 묘지로 인도해 갔다.
신군의 처와 딸이 묘혈에 엎드려 울며 머리를 들지 못하니 보는 이
들이 슬퍼하였다. 장례를 마쳤을 때는 이미 모색(暮色)이 창연하였
다.*

---

* 『중화신보』 1922년 10월 4일.

독립운동의 선구자 예관 신규식은 43세의 젊은 나이에 이역에서 조국광복에 모든 것을 바치는 간난신고의 생을 접었다. 25일간의 단식으로 초췌해진 육신은 한줌 재로 변해 상하이 프랑스조계 홍교의 만국공묘에 안치되었다.

선생은 오랜 세월 이리저리 떠돌아다니며 험한 길을 무릅쓰고 유랑했으니 일생을 두고 고난을 겪으신 때문에, 원래 크고 멀쑥한 신체가 더욱 야위고 후리후리해졌다. 그러나 선생은 일찍이 어린시절부터 엄격한 군사훈련을 받으셨고 언제나 몸가짐에 있어 끝내 군인의 규율과 단정함을 간직해 지키셨으니, 일종의 장엄하고도 위대한 기상이 떠돌았다. 이러한 장엄한 기상은 원래 그 절반을 천성으로 타고 나신 것이며, 또한 절반은 후천적으로 수양(修養)과 극기(克己)로써 얻으신 것이라 하겠다.

낮에는 종일토록 선생께서 한 번이라도 자리에 누우시는 것을 본 사람이 없었다. 여름철에 아무리 날씨가 찌는 듯 더워도 선생께서는 윗옷을 벗는 일이 없으셨고, 실내에 계실 때에도 언제나 장삼(長衫)을 입으셨고, 땀이 흘러 등이 흠뻑 젖어도 역시 태연하셨다.*

---

* 민필호, 『전집』②, 297쪽.

사후 긴 세월이 흐르는 동안 그리고 조국이 광복이 되고도 48년이 지난 1993년 8월 15일 김영삼 정부는 상하이 공동묘지에 방치되었던 신규식 선생을 비롯하여 임시정부 요인 박은식·노백린·김인전·안태국 선생의 유해를 고국으로 봉환하여 국립묘지에 안장하였다.

상하이만국공묘 내의 묘지석

김영삼 대통령은 신규식 선생 등 임시정부 요인들의 국립묘지 안장식에서 "망국의 한을 품고 풍찬노숙하면서 나라를 찾으려 하셨고, 그 과정에서 쓰러져 이국의 땅에 묻혔으나 생전의 한결같은 소망은 독립된 본국에 돌아와 영광의 입성식을 한 뒤에 죽는 것이었다."라고 말하고, "이제나마 조국에 유해를 모시게 되었으니 저 세상에서도 기뻐하실 것이다."라고 추모하였다.

대한민국은 1962년 예관 신규식 선생에게 건국훈장 대통령장을 추서하였다.

■ '일목요연'한 생애, 덧붙이는 사연

예관 신규식 선생은 문무를 겸한 흔치 않는 독립운동가이다. 육군무관학교 출신이지만 문사의 역량이 뛰어나고 역사에 대한 식견과 인식이 남달랐다. 저서 『한국혼』이나 시문집 『아목루(兒目淚)』가 이를 잘 보여준다. 예관이란 아호와 '예(睨)'자를 풀어 쓴 아목루 즉 "예관이 피눈물로 쓴 시"라는 책 이름에서 예사롭지 않는 결기와 강기를 내보인다.

그의 생애를 사자성어로 요약이 가능하다면 '일목요연(一目瞭然)'이 아닐까 싶다. 비록 한쪽 눈이지만, 자신이 가야할 길을 훤히 꿰뚫으면서 결코 한 눈 팔지 않고 조국독립운동에 매진하였다. 길지 않는 생애에 국내외를 떠돌며 오로지 조국 광복을 위해 모든 것을 바친 분이다.

예관은 1911년 망명길에 나서면서 결연한 의지를 다졌다.

큰 강을 출렁이며 흘러가는데
언제나 다시 동으로 돌아오랴
수도 없이 많은 열혈 지사들
박랑사중에서 환호성 부르리라.

　　동쪽나라의 고향에 돌아오지 못하고 이역에서 생을 마쳤
지만 한번도 자신이 택한 길을 후회하지 않았다. 1912년 가
을 「난징의 동지들에게」 보낸 글은 시문이라기보다 차라리
독립의 길에 나서자는 통절한 격문이다. 시문집 『아목루』에
서 뽑았다.

동트지 않은 이른 새벽에
조용히 기도하며 천궁에 절하노라
큰 길에는 사사로이 굽은 길 없고
지극한 정성 하늘에 닿았으리
천지가 뒤바뀐 지 오늘로 며칠인가
괴로움과 아픔이 겹겹이 쌓였도다
빈 말은 죄다 부질없는 짓
실행만이 모름지기 공을 성취하리
금수강산은 어디 두고 가는가
풍랑만이 내 배에 동승했구나
푸른 옷의 젊은이들 장쾌하고

성근 백발 노옹도 씩씩하도다

그리운 임 아스라이 있으니

그대들 사공 되고 키잡이 되어

한맘 한뜻으로 저 언덕 오르면

어기영차 함성소리 우렁차리라

환영 겸 축하모임 열릴 그 날엔

그 기쁨 정녕 다함이 없으리라

팔월이라 상해의 황포강 위에서

나 예관은 삼가 간절히 절하노라.

  예관 선생의 나라사랑 정신은 남달랐다. 특히 개국성조 단군과 왜적으로부터 나라를 구한 충무공 이순신에 대한 숭앙심은 독특했다.

1. 선생께서 평소에 조국을 열렬히 사랑하셨음은 평소의 말씀이나 행동으로 표현되어 나타난 것 이외에도, 아침저녁에 반드시 한국 지도를 향해서 온 정신을 기울여 자세히 살펴보시고 묵묵히 사색하셨으니, 삼천만 한국 국민이 지금 왜구에게 받고 있을 상처를 위로하고 계신 듯 또한 광복 후에 어떻게 조국을 다시 건설할 것인가를 생각하고 계신 듯했다.

2. 매일 아무리 바쁘시더라도, 새벽과 밤에는 반드시 우리나라 개국의 성조(聖祖) 단군(檀君)의 신상(神像)을 향해 향을 피우시고, 절을 두 번 하시고, 아울러 묵도(黙禱)로써 하루 바삐 혁명을 일

으켜 산하를 광복하고 물과 불같은 괴로움 속에 빠진 삼천만 동
포를 구할 것을 기원하셨다.*

　선생의 위국충정의 단심은 어느 때도 퇴색하지 않았다. 34
세인 1914년 정월 보름날 밤 동지들과 저녁을 먹고 소회를
남겼다. 『아목루』에 나온다.

　　이 시대에 생장하게 한 것은
　　어엿한 남아를 기다린 것이네
　　오늘 모두의 아픔에 어이 상심하랴
　　천금 같은 다짐 결연히 서로 지켜내세
　　푸른 파도 솟구치니 서로 돕자 노래하고
　　큰 바람 일어나니 큰 공 세워 귀향하리라
　　잔 들어 제군들의 건안을 세 번 축원하나니
　　이 붉은 충정에 어이 구구한 사심 있으랴.

　예관 선생은 신혼 초에 서울에 유학하면서 부인과 이별하
고 뒤이어 중국 망명으로 긴 세월동안 독신으로 지냈다. 그
러던 중 1919년 국내에서 3·1혁명이 발발할 때 부인이 아들
상호와 어린 딸(명호)을 데리고 '남편 찾아 3만 리'의 상하이
에 왔다.

━━

* 　민필호, 『전집』 ②, 343쪽.

딸(申明浩)은 성장하여 1920년 민필호와 결혼하였다. 민필호는 서울에서 태어나 휘문의숙 4학년 때 경술국치를 당하자 중국으로 망명하여 동제사를 거쳐 박달학원에서 공부하고 신규식이 국무원총리 겸 외무총장에 취임하면서 비서로 발탁되어 활동하고, 이후 상하이 인성학교 운영, 만주에서 조직된 신민부 참여, 한국독립당 선전부장,『독립신문』발행, 김구 주석 판공실장 겸 임시정부 외무차장 등 독립운동에 헌신하였다.

아버지가 순국할 당시 10세이던 아들(申尙浩)은 17세 때 항저우에서 요절하여 항저우 교외에 안장하였다. 예관의 부인 조정완 여사는 남편에 이어 외아들까지 사망하자 상하이에 칩거 중 일제가 이곳까지 점령하면서 일본인들에 의해 강제 송환되어 1945년 고향에서 사망하였다.

2010년 7월 3일 유족이 세운 천안의 독립기념관 순국선열 어록비에는 유저『한국혼』의 한 대목이 새겨졌다.

> 우리나라가 망한 것은 사람의 마음이 죽으므로 써이다. 우리들의 마음이 아직 죽어버리지 않았다면 비록 지도가 그 색깔을 달리하고 역사가 그 칭호를 바꾸어 우리 대한이 망하였다 하더라도 우리들의 마음속에는 스스로 하나의 대한이 있는 것이니 우리들의 마음은 곧 대한의 혼이다.

신규식 연보

연대	행적
1880년	2월 22일(음력 1월 13일) 충북 청원군 가덕면 인차리(현 청주시 상당구 가덕면 인차리)에서 신용우申龍雨와 전주최씨 사이에 둘째 아들로 태어남. 자는 공집公執, 호는 예관睨觀. 다른 이름은 신정申檉, 여서餘胥, 일민一民, 청구靑丘, 한인恨人 등 본관은 고령高靈으로 시조 신성용申成用의 25대손, 신숙주申叔舟의 17대손
1883년	가숙에서 글공부 시작하여 사서오경에 통달하여 문중의 신채호申采浩·신백우申伯雨 등과 '산동삼재山東三才'로서 명성이 자자
1895년	동학농민군의 청주성전투에서 패배 소식을 듣고 국력의 중요성을 자각. 을미사변과 단발령 등으로 의병운동이 일어나자 동년 군同年軍을 조직하여 의병운동을 지원
1896년	조정완趙貞婉과 결혼한 3개월 후 공부하기 위해 서울로 올라감
1898년	관립한어학교 입학하여 재학 중 독립협회에서 활동(재무부과장). 중국어 교육은 후일 한중 양국의 외교에서 능력을 발휘하는 든든한 배경으로 작용
1900년	9월 육군무관학교 입학하여 재학 시절 학교당국의 부패와 불합리한 처사를 비판하며 부패한 군부를 개혁하고자 동기생 조성환曹成煥 등과 동맹휴학을 도모. 신병으로 요양 차 고향에 내려감으로 구속을 면함

연대	행적
1901년	향리의 문동학원 설립에 참여
1902년	7월 6일 육군보병 참위(9품)에 임관(공업전습소 설립에 참여)
1903년	3월 22 진위대 제4연대 제2대대 견습 7월 무관학교 졸업증서 받음 고향에 친척 등과 덕남사숙德南私塾 설립
1904년	4월 4일 진위대 4연대 1대대 견습 10월 육군무관학교 견습 5월 3일 6품으로 승급
1905년	4월 시위대 3대대에서 승급 을사늑약 이후 의병운동 실패로 자살을 기도하였다가 생명은 건졌으나 오른쪽 눈의 시신경 마비
1906년	1월 정3품으로 오름 4월 시위 제1연대 제3대대에 배속되어 부위로 진급. 한어야학(중동야학교로 개칭)이 설립
1907년	8월 육군유년학교 학도대 시위보병 제2대대 부관. 군대해산 이후 대한문까지 진출하였으나 일제의 반격으로 실패하자 제2차 자결을 시도하였으나 병정의 저지로 실패(예관睨觀이란 호를 본격적으로 사용하며 독립운동에 헌신하기로 결심). 부상군인 치료와 유가족 지원 9월 3일 부위직副職에서 물러남. 윤치성·조철희·신창휴 등과 퇴직장교 10여 명 등과 황성광업주식회사 설립하여 경리책임자를 맡음
1908년	5월 영천학계靈川學契(영천은 본관인 고령을 의미) 조직에 참여하여 총무에 취임 7월 대한협회, 기호흥학회 가입. 기관지인 『대한협회회보』제3호부터 제9호까지 총 9편의 한시를 기고하는 등 대한제국이 처한 현실을 고발 9월 대한협회 평의원과 실업부 부원으로 임명됨. 관립공업전습소 학생 등으로 조직된 공업연구회(회장 박찬익朴贊翊)를 지원. 박찬익과 인연은 후일 독립운동 동지로서 발전 『가정양계신편家庭養鷄新編』을 번역하여 간행하는 등 농가부업 향상을 도모
1909년	1월 『공업계』잡지 창간(발행소는 공업월보사)하자 김택영金澤榮·양기탁梁起鐸 등이 찬성원 등으로 참여 3월 중동야학교 제3대 교장 취임하여 망명 직전까지 교장직을 수행(후임은 조동식趙東植) 7월 단군교 입교(나철羅喆은 1월 15일에 단군교를 선포)

연대	행적
1910년	8월 나철이 단군교를 대종교를 중창하자 적극적으로 참여하여 민족의식을 고취
1911년	1월 대종교의 지교知教에 올라 대종교본사의 경리부장과 종리부장倧理部長을 역임 초봄(3~4월경)에 안둥현-랴오양-센양-베이징-톈진-지난을 거쳐 상하이로 망명(망명자금으로 황성광업주식회사의 돈 등 2만여 원을 마련). 베이징에서 조성환曹成煥을 만나 중국과 국제정세에 대해 의견을 교환. 소수의 한국인 힘으로 독립운동의 불가함을 인식하고 한중 연대의 중요성을 절감 3~4월 『민립보民立報』 기자 쉬티엔푸(徐天福, 다른 이름 쉬쉬에얼)과 만남 중국동맹회에 가입. 이 신문은 중국동맹회의 기관지로서 성격을 지님으로 친밀한 한중 관계를 도모할 수 있는 중요한 통로가 됨 10월 우한혁명武昌革命에 천치메이陳其美를 따라 참가 11월 천치메이의 상하이혁명 참가 일요일마다 대종교 서이도본사西二道本司에서 경배식을 통해 민족의식을 고취
1912년	3월 『민권보』에 거액 자금을 지원 5월 20일(음) 동제사同濟社 결성하여 국권회복에 노력(이후 회원이 약 300명에 달하는 등 상하이 독립운동의 구심점) 『한국혼』 집필 시작 1912년 말~1913년 초 신아동제사를 조직하여 중국 혁명세력의 지원을 확보
1913년	7월 천치메이와 함께 도원倒袁운동인 2차 혁명에 참가. 베이징 정부의 요주의 인물로 감시를 받는 등 자유로운 활동이 제한됨 쑹자오런과 천치메이 등이 피살 12월 17일(음) 상하이 명덕리에 박달학원博達學院을 설립하여 중국과 유럽 등지로 유학하려는 청년들에게 다양한 정보 제공과 학자금을 알선(3기에 걸쳐 100여 명을 배출)
1914년	중국 혁명지사들의 문학단체인 남사南社, 환구중국학생회寰球中國學生會에 가입하여 독립운동 기반을 확대 7월 2일(음) 박달학원博達學院 내 구락부 조직하여 규칙을 제정 『한국혼韓國魂』 탈고
1915년	3월 박은식朴殷植·이상설李相卨·유동열柳東說·성낙형成樂馨 등과 신한혁명당 조직하여 상하이지부장을 맡음(감독 박은식, 본부장 이상설, 외교부장 성낙형, 교통부장 유동열, 재정부장 이춘일) 대동보국단 조직 항저우 츠산赤山 부근 고려사高麗寺를 동생 신건식申健植과 복원

연대	행적
1916년	조성환·박은식과 체화동락회樣華同樂會 조직
1917년	7월「대동단결선언」을 발표 8월 조선사회당朝鮮社會黨의 이름으로 스웨덴 스톡홀름 만국사회당대회에 조선의 독립원을 요청하는 전문을 보냄 9월 배일잡지 반월간『진단震檀』을 발행
1918년	11월 파리강화회의에 한국독립 지원을 요청하는 전보를 보냄
1919년	연초「대한독립선언」에 참여 3월 하순 여운형·선우혁 등과 상하이에 독립임시사무소를 설치 4월 한성정부 각료명단에 법무총장으로 선임 4월 30일 제4회 임시의정원회의에서 부의장으로 선출 5월 6일 임시의정원회의에서 충청도 구급의연금 모집위원으로 선출 7월 14일 임시의정원회의에서 부의장직 사임 11월 3일 통합된 임시정부 법무총장으로 취임
1920년	7월 딸 명호明浩가 민필호閔弼鎬와 결혼. 이에 앞서 가족 등과 합류 19월 10일『진단震檀』주간하여 창간
1921년	4월 협성회協成會 조직 선언서 발표 5월 16일 국무총리대리에 취임 5월 26일 외무총장 겸임 8월 광둥정부廣東政府 특사에 임명 11월 3일 광둥특사로 쑨원孫文 접견, 외교문서 증정 11월 18일 광둥정부 북벌서사北伐誓師 전례식에 참가하여 임시정부 대표로 공식접견, 공식적인 외교 관계가 성립 12월 22일 광둥의 신신新新호텔에서 각국 영사 초대 연회를 마련하여 독립운동 선전
1922년	3월 20일 시정방침 발표, 내각 사직서 제출 5월 심장병과 신경 쇠약으로 병석에 누움 9월 25일 순국, 유해는 상하이 홍치아오만국공묘虹橋萬國公墓에 안치 비문은 조완구趙琬九가 씀
1955년	민석린의『한국혼』의 중국어판 타이완에서 발행
1962년	건국훈장 대통령장에 추서
1971년	대종교총본사에서『대종교중광60년사』발간
1988년	독립기념관 경내에 어록비 제막식

연대	행적
1992년	강영심의 『신규식의 생애와 독립운동』 출판
1993년	중국 상하이로부터 유해를 봉환하여 국립현충원 대한민국임시정부 요인 묘역에 안장
2004년	석원화·김준엽의 『신규식 민필호와 한중관계』 출판
2009년	김동훈 외 편역의 『신규식의 시문집』 발간
2010년	강영심의 『시대를 앞서간 민족운동의 선각자 신규식』 발행
2019년	4월 대한민국 임시정부 수립 100주년기념 예관 신규식 특별전 개최 예관신규식편찬위원회에서 『예관신규식전집』 2권 발행
2022년	서거 100주년에 즈음하여 김삼웅의 『독립운동의 선구 예관 신규식전기』 발간

한국혼(일명 통언)

■ 서언

경술년 나라 망한 이후 나는 중국으로 망명하여 왔다. 옛 궁터는 무너져 논밭이 되어 벼와 기장이 가득하니 내 마음이 슬프게 하였다. 굴원²은 「이소」³를 지으며 눈물을 흘리고, 신

---

1 〈부록 2〉인 『한국혼』은 예관신규식전집편찬위원회에서 2019년 발간한 『예관신규식전집』 1권에 실린 부분을 저본으로 삼았다. 이를 허용해주신 편찬위원장 박정규 선생께 지면을 빌어 감사의 말씀을 드린다.
2 굴원(屈原): 전국시대 초나라의 정치가이자 비극 시인. 주요 작품은 「어부사」와 「이소」 등이 있다. 말년에 자신도 유배되고 나라도 진(秦)에 공격당하자 멱라강(汨羅江)에 투신하여 자살하였다.
3 이소(離騷): 중국의 서정적 장편 서사시로 굴원 자신의 신세와 나라의 운명을 슬퍼하는 마음을 담았다.

포서[4]는 진나라 조정에서 우는 울음소리 마냥, 역경 속에서도 변치 않는 지조와 절개, 내 가슴에는 큰 아픔 뒤의 고통이 남아 있었다.

『한국혼』을 지은 것은 그 아픔을 기록하고, 그리고 국민들에게 민족주의와 원수 갚음의 대의를 알려주고자 함이었으나 시대의 추세에 쫓기어 책을 완성하지 못했었다. 임자(1912)년에 이 뜻을 모사(某社)[5] 창립 때에 강연했었고, 갑인(1914)년에 비로소 탈고하여 간간이 동지들에게 보여주긴 했으나 감히 출판하지는 못했었다.

작년(1919년)에 독립을 선포한 이래, 국민들이 더욱더 분발하여 폭풍처럼 거세게 일어나니, 내 말이 틀리지 않았음을 다행으로 여긴다. 동지들이 이 책을 출판하자 청하는 사람이 있었으나, 나는 세상의 변화가 만 가지라 철이 지난 감이 있어 완곡한 말로 사절하였다. 오랜 시간이 흘러 진단 동지들이 또 찾으니 마지 못하고, 삼가 원문의 어휘만 정정하고 증감은 하지 않았으니 간혹 시의에 맞지 않는 것이 있어도 독

---

4 신포서(申包胥): 춘추시대 초나라의 정치가. 초나라가 오나라에 공략당하자 신포서는 나라를 되찾고자 진나라에 가서 도움을 요청했으나 받아들여지지 않았다. 그는 성벽 밖에서 7일을 밤낮으로 울어 진나라 군신을 감동시켰다. 후에 초나라는 진나라 도움으로 오나라를 협공하여 나라를 되찾았다.

5 동제사(同濟社)를 일컫는다.

자들께서는 어휘로 인한 오해가 없었으면 한다.

대한민국 2년 10월
산려(汕廬) 일민(一民) 씀

　　백산[6]의 쓸쓸한 바람에 하늘도 땅도 시름에 젖고 푸른 파
도가 굽이치니 거북과 용이 일어나서 춤을 춘다. 어둡고 긴
밤은 언제 그치려나, 사나운 비바람만 휘몰아친다. 5천 년 역
사를 가진 조국은 짓밟혀 일본의 식민지가 되었고 3천만 백
성은 떨어져 노예가 되었으니, 아아! 슬프다. 우리나라는 망
했도다. 우리들은 기어이 망국의 백성이 되고 말 것인가?
　　마음이 죽어 버린 것보다 더 큰 슬픔은 없나니 우리나라의
망함은 백성들의 마음이 죽었기 때문이다. 이제 망국의 백성
이 되어 갖은 슬픔을 당하면서도 오히려 어리석고 무지하여
깨닫지 못함은, 죽은 뒤에 한 번 더 죽는 것과 같다. 아아, 우
리나라는 끝내 망하고 말았구나.
　　우리의 마음이 아직 죽어 버리지 않았다면 비록 지도가 그
빛을 달리하고 역사가 그 이름을 바꾸어 우리 대한이 비록
망했다 하더라도 우리들의 마음속에는 각자 하나의 대한이

6　백두산을 지칭한다.

있는 것이니 우리의 마음은, 곧 대한의 혼은 아직도 돌아올 날이 있으리라. 힘쓸지어다, 동포여! 다 함께 대한의 혼을 보배스럽게 여겨 쓰러지지 않도록 할 것이며 먼저 개인의 마음을 구하여 죽지 않도록 하라.

아아, 동포들이여! 이제 망국의 백성이 되어 다 같이 말이나 소 또는 노예와 같은 치욕을 당해 가며, 형세는 밖으로 긴박하고 배고픔과 추위가 몸에 절박함에도 아직 망국 이전의 일만 생각하며 아무 일도 없는 것처럼 마음속에서 움직이는 것이 없다는 말인가?

러시아가 폴란드[7]의 귀족과 평민들의 아이들을 시베리아로 끌고 가서 눈과 얼음 속에 굶주리고 얼어 죽게 한 일이 있었다. 아이들을 태운 열차가 막 떠나려 할 때 그 부모들은 함께 가기를 원했지만 거절당하였다. 그러자 그들은 수레바퀴에 매달리고 철로 위에 누워 열차가 떠나는 것을 막으려 했다. 그러나 열차를 호위하는 카작크병[8]들은 그 부모들을 발길로 차고 채찍으로 쫓았다. 열차가 움직이기 시작하자 아들을 찾고 딸을 부르는 울부짖음이 일시에 피눈물로 엉키었다.

---

7 폴란드는 18세기 후반에 들어와 1772년, 1793년, 1795년 세 차례나 로이센 러시아 오스트리아 등 3국에 분할됨으로 해서 멸망하였다. 제1차 세계대전이 끝날 때까지 세 나라의 지배하에 있었다.
8 카작크족은 타타르족과 슬라브족과의 혼혈종족으로 러시아와 폴란드 지방에 흩어져 살고 있으며 카작크병은 주로 구 소련 국경지대를 지키는 병사.

도중에 어린애들에게 주는 음식은 검고 거칠은 빵 한 조각뿐
이었다. 병들면 되는 대로 내다 버려 철로 주변에는 어린애
들의 시체가 즐비하였다. 빵조각을 손에 쥐고 먹으려고 기를
쓰다가 눈도 채 감지 못하고 숨이 끊어진 아이도 있었다. 이
것이 폴란드가 망한 후의 가슴 아프고 분한 이야기이다.

망국 백성들의 울부짖음이 아직도 귓전에 들려오는 이때
우리도 마침내 폴란드와 같은 신세가 되고 말았다. 우리는
지난날 폴란드인의 슬픈 운명을 애처로워하였으나 지금은
스스로의 운명을 슬퍼하기에도 겨를이 없게 된 채 다시는 떨
치고 일어나지 못한단 말인가. 저놈들에게 괴로움을 당하면
서도 다시는 스스로를 구할 길이 없단 말인가. 우리 신명(神
明)의 후손들은 스스로 멸망하는 것을 앉아서 바라보기만 하
며 이것을 하늘이 빚어낸 도태로 돌려 버리려는가?

아아, 우리 동포들이여! 잠깐만 시간을 내어 나의 눈물로
뿜어내는 원통한 이야기를 들어 달라. 눈물이 말라도 말은
그치지 않고 말이 그치더라도 마음은 죽지 않으리…… 옛날
중국의 오(吳)나라 왕 부차(夫差)는 그의 아버지가 비참하게
죽은 것을 원통하게 생각하여 뜰에 한 사람을 서 있게 하였
다. 그리고 늘 자기가 지나갈 때마다 "부차야, 너는 월(越)나
라 왕이 너의 아버지를 죽인 것을 잊지 않았지?" 하고 외치

게 하였다. 그때마다 그는 "예, 감히 잊지 않았습니다."라고 대답하였다.

이것은 오랜 세월에 걸친 비통한 이야기이며 그 영혼을 일깨우려고 했던 까닭이다. 또 초(楚)나라 사람들의 말에 "초나라는 비록 세 집밖에 안 되더라도 진(秦)나라를 멸망시킬 자는 바로 초나라이다"[9]라고 하였다. 이것 또한 천고에 뼈아픈 이야기로서 그 근본의 뜻을 굳게 정하려 한 까닭이다. 사람들의 마음이 죽지 않고 이와 같은 뼈아픈 말을, 위험을 경계하라는 뜻으로 들은 것은 오나라가 월나라에 원수를 갚고, 초나라가 진나라를 뒤엎은 까닭이 되지 않겠는가? 한(漢)나라는 망했지만 장자방(張子房)[10]의 철추(鐵錘)[11]는 남아 있고 진나라는 깨어졌어도 포서(包胥)[12]의 눈물은 남아 있다. 지금 뼈아픈 말을 쓰는 것은 이런 일과 이런 뜻에서이다.

---

9 삼호망진(三戶亡秦):『사기(史記)』의「항우본기」에 나오는 고사성어이다. 세 집만으로도 진나라를 망하게 할 수 있다는 의미로 내부적으로 부패한 나라는 쉽게 무너진다는 뜻임.

10 장자방(張子房 ?~기원전 168년) 한(漢)나라 장량(張良)을 가리킴. 자방은 그의 자字. 그의 조상들은 한나라에서 5대에 걸쳐 재상을 지냈다. 진나라가 한나라를 멸망시키자 진시황을 죽여 한나라의 원수를 갚으려 하여 힘센 장사 창해역사를 구하여 박랑사博浪沙에서 쇠몽둥이로 저격하였으나 실패하였다. 한나라 고조가 군사를 일으킬 때 장량은 늘 책사로 참가하여 항우를 물리치고 천하를 평정하였다. 고조가 즉위한 후 제후가 되었다. 소하(蕭何), 한신(韓信)과 더불어 3걸(三傑)로 일컬음.

11 쇠몽둥이. 철퇴라고도 하며 우리나라 강릉 출신의 창해역사(滄海力士)가 사용하였던 철퇴를 대한제국 시절 설치된 박물관에 전시되고 있었다.

12 포서(包胥) 주3 참조.

이제 내가 『통언(痛言)』을 쓰려고 하나 마음속에 끝없는 고통이 엉키어 어디서부터 말머리를 잡아야 할지 모르겠다. 다만 느끼고 생각하는 바대로 써 내려가겠지만 그것이 피인지 눈물인지 알지 못하겠다. 바라건대 이 글을 읽는 동포들은 저마다 느끼고 받는 고통을 오랫동안 마음속에 간직하여 나라 잃은 설움을 씻은 다음에 이를 잊도록 하라.

아아! 우리나라가 망한 원인은 법으로 다스려야 할 정치가 문란해지고 기력이 쇠약해지고 지식이 트이지 못하는 데다 쓸데없이 남에게 아첨하며 게으르고, 공연히 자존심만 세우거나 지나치게 열등감을 느끼며, 파벌을 만들어 싸우는 등 여러 가지를 들 수 있다. 그러나 내 생각으로는 이런 여러 가지 원인은 모두 하늘이 주신 양심을 잃은 것에 지나지 않으며, 이 양심을 잃은 것은 또한 일종의 건망증을 낳게 하였으니, 첫째 선조들의 가르침과 종법[13]을 잊었고, 둘째 선민(先民)들의 많은 공로와 쓸모 있는 재능을 잊었고, 셋째 국사(國史)를 잊었고, 넷째 국치(國恥)를 잊어버렸으니, 이렇게 잊기를 잘하면 나라는 망하게 마련이다.

어째서 선조들의 가르침과 종법을 잊었다고 하는가. 하늘

---

13 종법(宗法): 한 겨레의 사이에 정한 규약.

을 본받아 도를 닦고 나라를 세우며 홍몽(鴻濛)[14]을 자손에게 전한 것은 동쪽 태백산에 내려오신 우리의 시조 단군이 아닌가. 인간을 교화하여 신이 내리신 도리의 가르침을 베풀고 하늘에 제사를 지내 보본(報本)[15]의 예를 세웠으며 짐승과 벌레를 몰아내고 산천을 고루 다스렸다. 구족(九族)[16]이 기쁜 마음으로 순종하게 하고 만방(萬邦)을 화목하게 하며, 먹을 것·입을 것·정치와 종교·교육 등을 골고루 베푼 것은 모두 우리 조상의 은혜였다. 그리하여 성인과 철학자가 대를 이어 일어나고 토지도 날로 개척되어 왔으며 문화가 융성하고 군사력도 점점 강대해졌다.

옛날에 우리나라가 신인국(神人國)·군자국(君子國)·부여대국(扶餘大國)·예의동방(禮儀東邦)·해동승국(海東勝國)·부모국(父母國)·상국(上國)·신성족(神聖族)·상무족(尚武族)[17] 등 많은 칭호를 받게 된 것도 모두 우리 조상의 은혜였다. 나라에 충성하고 집에 효도하며, 벗에게 신의를 지키고 싸움에 임해서 물러나지 않고, 생명을 죽이는 것도 가려서 한다는 다섯 가지 가르

---

14 홍몽(鴻濛): 하늘과 땅이 아직 갈리지 아니한 혼돈된 상태.
15 보본(報本): 생겨나오게 된 그 근본을 잊지 않고 갚음.
16 구족(九族): 고조로부터 증조·조부·부친·자기·아들·손자·증손·현손까지의 직계친을 중심으로 하여 방계친으로 고조의 4대손 되는 형제·종형제·재종형제·삼종형제를 포함하는 한 친족.
17 상무족(尚武族): 무예와 용맹을 숭상하는 민족.

침은 우리가 대대로 지켜오던 종법이다. 그 덕을 갚으려고 하면 하늘처럼 끝이 없고 자손만대에 영원히 잊어버릴 수 없다.

그러나 세상이 변하여 어지러워지고 나라에 요망하고 간사함이 생겨서 어리석게도 스스로를 낮게 보아 모든 종법을 업신여기는 버릇이 수백 년 동안을 자라나니 마침내 온갖 악의 열매가 나타났다. 조상의 위패를 모시는 사당이 무너지고 왕조의 주권을 잃고 신령에게도 제사를 지내지 않아, 그 옛날 백성이 우러러보던 삼신사(三神祠)[18]와 숭령전(崇靈殿)[19]은 모조리 황폐하여 무성한 잡초 속에 묻히고 말았다. 옛글에 말하기를 "나라는 하늘과 땅 사이에 반드시 함께 있어야 할 것이 있으니 그것은 예의다"라 하고, "뿌리가 먼저 흔들리고 뒤틀리면 가지와 잎도 그에 따르는 것이니 어찌 슬프지 않으랴"고 하였다. 아사달[20]의 산언덕과 왕검성의 옛터로 머리를 돌릴 때마다 눈물이 흐르는 것을 막을 수가 없다.

선민들의 공로와 재능을 잊었다는 것은 무슨 말인가. 세상에 다시없이 뛰어난 사람을 하늘이 보내시어, 온갖 고난

18 삼신사(三神祠): 환인(桓因)·환웅(桓雄)·단군(檀君)을 제사 지내는 사당으로 황해도 구월산에 있었다. 여기에서 환인은 천계(天界)의 주(主)이며, 환웅은 천계와 인간계의 중간적 존재이고, 단군은 인간계의 조상으로 등장됨.
19 숭령전(崇靈殿): 고구려 시조 동명성왕의 사당. 조선시대에 평양에 세웠고 봄과 가을에 제사를 지냈다.
20 아사달(阿斯達): 단군 조선 개국시의 수도. 지금의 평양 부근의 백악산으로 추정됨.

을 당했을 때 다시 일으켜 세운 위업을 이룩하게 하였으니 그는 바로 삼백 년 전 벽파정 한산도에서 적을 무찌르고 나라를 위해 죽은 충무공 이순신 장군이 아닌가. 한 몸을 희생하여 만백성을 다시 살아나게 했으며 사나운 오랑캐를 물리쳐 이웃 나라까지 평안케 한 드높은 공로는 영원히 빛난다. 당시 명나라의 제독 진린[21]은 늘 말하기를 "이 대감은 하늘이 내신 장군이다"고 하였으며 그가 나라에 내는 보고서에도 "이순신은 하늘과 땅을 넘어서는 재주와 하늘과 태양을 보위한 공이 있다"는 어구가 있었다. 또 왜적들도 그를 보기만 하면 '천신(天神)'이라고 하였다. 그러므로 『일본해군찬기(日本海軍撰記)』를 보면 "이순신은 과거에서부터 현재까지 해전에서 제일가는 위인으로 영국의 넬슨[22]보다도 뛰어나다"고 하였고, 근래 일본 해군 대좌 나베다(邊田)가 쓴 전기(傳記)에도 "토요토미 히데요시(豊臣秀吉)의 지략과 코니시 유키나가(小西行長)[23]의 용맹한 힘으로 조선을 위협하고 명나라를 공격하는 것은 자리를 마는 것같이 거침없이 행하여질 것이 분명했

---

21 진린(陳璘): 임진왜란 당시 일본 침략을 물리치기 위해 원조 왔던 명나라의 제독.
22 넬슨(Horatio Nelson, 1758~1805): 영국의 제독으로 1805년 프랑스와 스페인 연합 함대를 격멸하여 영국의 해상 패권을 확립하였다.
23 코니시 유키나가(小西行長): 일본의 토요토미 히데요시의 가신으로 임진왜란 때 침략군의 선봉에 섰던 장수.

었는데 갑자기 한 사람을 만나 좌절되었으니 그는 누구인가. 조선의 수군통제사 이순신이 바로 그 사람이다. 영국의 넬슨과 일본의 토고 헤이하치로[24]와 더불어 세상의 3걸(三傑)인데 그 성격이며 영묘한 지혜에서는 더욱 헤아릴 수 없다"고 하였다. 또 영국『해군기』에도 "한국의 전함은 철판으로 싼 것이 거북 잔등 같은데 그것으로 일본의 나무로 만든 배와 싸워 크게 이겼다. 세계에서 가장 오래된 철갑선은 한국인이 창조한 군함이다."라고 하였다.

아아, 임진왜란 그 당시 이 분과 이 배가 없었으면 한국은 이미 폐허가 되었을 것이며 중국 또한 편안하기 어려웠을 것이다. 당시 명나라 장수 중에서 충무공의 공로를 가장 시기하여 일마다 말썽을 일삼던 진린도 그처럼 진심으로 기꺼이 복종하였다. 일본은 10만의 수군이 하루아침에 섬멸되어 원한이 뼈에 사무칠 것이지만 오히려 그처럼 숭배하였고, 영국은 세계 해군의 우두머리를 차지하고 있으면서도 그토록 찬미하였다.

중국이 이순신을 잊지 않고 일본이 이순신을 잊지 않고 세

---

24 토고 헤이하치로(東鄕平八郎): 일본의 해군 제독. 청일전쟁 때 청국 군함을 격침시켰고 러일전쟁 때는 대한해협에서 러시아 함대를 격파하여 승리를 이끈 장수.

계가 이순신을 잊지 않았다. 심지어 물고기와 용, 초목까지
도 그 정성과 충성스러움에 감동되어 있음에도(충무공의 시에
'나라에 황폐한 기운이 있는데 사람이 맡은 바가 없어 위태함으로 바뀐다.
이에 바다에 맹세하니 물고기와 용이 움직이고 산에 맹세하니 초목이 알도
다.(國有蒼荒勢 人無任轉危 誓海魚龍動 盟山草木知라 하였음) 오직 우리
나라 사람만이 그를 잊었다. 잊었을 뿐만 아니라 오히려 박
해를 가하였으니 사람이 없어지면 나라는 반드시 망한다.

아아, 슬프다! 그 날 세 곳의 도읍[25]이 함락되고 임금이 피
난하였으며 여러 고을이 부서지고 흩어졌으며 모든 장수들
이 패하여 달아났다. 이때 충무공은 한 몸으로써 굳건히 버
티어 싸움마다 이겼다. 이에 간사한 무리들이 질투하고 시기
하여 군사 명령권을 빼앗아 옥에 갇히게 했다. 적을 무찔러
원수를 갚은 것이 도리어 무거운 죄가 되고 말았다. 그러나
때마침 적의 기세가 다시 팽창하여 나라가 위태롭게 되자 옥
에 갇힌 공을 다시 불러내어 적군과 맞서게 하였다.

이때 공은 모친상을 당하여 흰옷을 입고 길을 떠나면서
"한 마음 충효가 이에 모두 헛되게 되었구나"라고 탄식하였
고 "맹세코 원수의 적을 쳐부수면 죽어도 한이 없다"라고 하

---

25 삼도(三都): 조선시대 서울인 한양을 비롯하여 개성과 평양을 가리킨다.

였다. 이리하여 거듭 싸우면서 한산도에 이르러 드디어 크게 승전하여 적병은 거의 섬멸되었지만 그는 마침내 철갑선을 버리고 순국하였다. 이는 진실로 천고에 원통한 일이다. 아아, 공이 한 몸으로써 나라의 안전과 위험의 문제에 얽매임이 이러한데 모함하는 자는 참말로 무슨 속셈이었는지 모르겠다. 그럼에도 불구하고 그는 말하기를, 어깨를 겨루어 나라를 섬기는데 그 공로가 자기 혼자에게만 높아져 시기를 받게 된 것이라 하였다.

그 얼마 후에 그가 손수 만든 거북선은 이상한 물건으로 배척받아 썩어 버리게 되었다. 보배롭고 귀한 국방의 이로운 물건을 이처럼 헌신짝 버리듯 하여 그 중요함과 그렇지 않음을 분간하지 못하니 마침내 영국인들이 해상의 패권을 독점하게 하였고 왜인들은 그 찌꺼기를 훔쳐내어 우리를 도리어 욕보이게 되었으니 슬픈 일이다.

우리나라는 예부터 융성함을 잃지 않고 이어 내려왔다. 삼국시대에는 무력(武力)을 숭상하여 강토가 날로 확장되었고 위만·한나라·수나라·당나라의 침공과 거란·몽고의 침입, 홍두구(紅頭寇)[26]·흑치적(黑齒賊)[27]의 난리 등을 겪었다. 그러나 신

---

26 홍두구(紅頭寇): 홍건적을 말한다.
27 흑치적(黑齒賊): 왜구를 말한다.

의 솜씨 같은 무예의 재능을 갖춘 뛰어난 임금으로 고구려의 대무신왕·광개토왕과 백제의 위덕왕·동성왕과 신라의 태종·문무왕, 발해의 대씨, 고려의 왕씨 등이 대를 이어 크게 일어나서 국외에 위엄을 떨쳤다.

충성과 용기와 슬기로운 계책의 장수로서는 신라의 김유신·장보고와 고구려의 을지문덕·양만춘, 고려의 강감찬·김방경 등의 인물이 배출되어 조국의 방패가 되었고 천하가 두려워하며 강대국이라 일컬었다.

고려가 망하고 조선이 일어나서 태조가 나라를 평정한 이래로 크고 뛰어난 재주를 가진 임금으로 태종·세종이 났고 장수와 재상의 보필을 받아 나라 안의 다스림과 적으로부터의 방어력이 훌륭해 한 때 나라의 운세가 크게 융성했었다. 그러나 뒤에 나라의 태평이 계속되자 문무의 관료들이 붕당(朋黨)[28]을 지어 권력다툼을 하며 국방을 돌보지 않았다.

이리하여 임진년(1592년), 일본이 침입하여 나라가 위급한 사정에 처하였으나 조정 신하들은 서로 얼굴만 바라볼 뿐 망연자실하고 있을 때 다행히 이순신·권율·곽재우·조헌·김천일 등 여러 장수들이 몸을 던져 나라를 구하였고 겨우 평안

---

28 붕당(朋黨): 이해나 주의 등이 같은 사람끼리 모인 단체. 끼리끼리 모인 패.

하게 되었다. 난리가 끝나자 다시 시들고 약해져서 위엄을 떨치지 못하여 문구에 구애되고 글의 뜻에 이끌리는 한 푼어치 가치도 없이 주고받는 이야기들이 마침내 병자호란을 또다시 불러일으켰다.

말엽에 와서는 강화의 굴욕을 자주 겪으면서도 태연한 채 부끄러움을 모르고 되는 대로 날을 보내니 나라를 근심하는 사람은 벌써 무기력한 정부의 내막을 알게 되었다. 나라를 세운 뜻을 잃게 되면 이것은 결국 나라가 망하는 것이니, 어찌 꼭 경술년 한일합방에 이르러서야 나라가 망했다 하겠는가. 다만 주인이 망하여 노예가 되고, 제자가 스승에게 칼을 겨누게 되었다.

즉 신라 침해왕 7년에 신라의 신하 석우로(昔于老)[29]는 왜의 사신에 대답하여 말하기를 "이제 얼마 안 있어 너희 왕을 염전 지키는 노예로 삼고 왕비를 식모로 삼겠다"라고 하였고, 또 벌휴왕 10년에는 일본이 큰 흉년이 들어 신라에 식량을 구하러 왔다. 그리고 고려 문종 때는 일본의 사쓰마주(薩摩主)[30]와 쓰시마주(對馬島主)가 와서 그때마다 예물로 그네들

29 삼국시대 신라의 제10대 내해이사금의 아들로 왕자이자 장수였다. 가락국에 침입한 포상팔국의 군대를 격파하고 감문국을 정벌하고 왜구를 사도에서 섬멸하였다. 고구려군을 막으려다 실패했고 249년 왜구를 막다가 전사했다.
30 사쓰마주(薩摩主): 일본의 규슈, 가고시마현 서반부의 반도를 지배하는 영주.

의 특산물을 바쳤으며, 백제 고이왕 50년에는 왕자 아직기(阿直岐)[31]와 박사 왕인(王仁)이 처음으로 일본에 건너가서 경전과 『논어』·『천자문』 등을 가르치고 또 각종 공업을 전해 주었다. 또 백제 무령왕 11년에는 단양이(段楊爾)[32]가 일본에 오경(五經)을 전했고, 위덕왕 23년에는 불경을 가지고, 스승이 될 만한 승려나 또 일반 남녀승려·불공(佛工)·토목공·화공(化工)·기와공 등이 함께 가 그들이 지닌 기술을 일본에 가르치고 전해 주었으며, 무왕 2년에는 역서(曆書)·천문학 등도 전하고 가르쳐 주었다. 수치스러움 중에서도 큰 수치요, 아프고 또 아픈 일이다.

학문을 높이고 무예를 가볍게 보는 버릇은 분명히 나라를 위태롭게 하는 것이니 유행되는 못된 말세 풍습이 극도에 달하여 무풍(武風)이 적을 길러 줌으로써 자중(自重)을 삼게 되어 명나라가 망한 것과 같이 되는 이치이다. 하물며 날으는 새가 없어지자 좋은 활을 감추고 날쌘 토끼가 죽자 사냥개를 삶아 먹게 되는 것처럼 된대서야 그 사기를 꺾는 것이 이보다 더 심할 수 있겠는가?

---

31 아직기(阿直岐): 백제 시대의 학자로 근초고왕에서 아신왕대 사이에 왕명으로 좋은 말 두 필을 가지고 가서 왜왕에게 선물을 하고 말 기르는 일과 승마술을 전하였다. 경서에 조예가 깊다는 것을 알고 태자의 스승으로 삼았다.
32 단양이(段楊爾): 오경박사로 513년(무령왕 13년)에 일본의 초청을 받고 저미문귀와 함께 건너가 유학을 가르치고 고안무와 교대하여 돌아왔다고 한다.

김경술·한희유·김덕배·이방실·정세운·안우경 같은 분들은 모두 우리 한국의 유명한 장수인데 난리가 평정되고 나서 그 공이 있고 없고, 크고 작고를 따져서 각각 알맞는 상을 주었다. 혹은 귀양살이를 가고 혹은 서민으로 몰락하고 혹은 죽기까지 하였다. 왜구를 정벌하여 섬 속의 괴수를 무찌른 정지 원수[33]는 옥에 갇혔으며 명나라를 막아내고 왜군을 쳐부순 최영 장군은 목을 잘리었다. 송악산이 괴로워 슬픔에 싸여 있고 박연폭포도 슬피우니, 아! 한양의 일을 차마 말할 수 있으랴. 익호장군 김덕령[34]은 결국은 쇠몽둥이와 칼날 아래 죽었고, 바다에서 승전의 소식을 올린 정문부[35]는 문자옥(文字獄)으로 목을 매었다. 장국이 된 지 10년 만에 도망병 하나를 목 벤 죄로 벼슬을 빼앗기게 된 권언신(권율)[36]의 불평의 부르짖음은 천년이 지난 지금에도 탄식의 소리로 들려오리라.

곽재우[37]가 의병을 일으킬 때 "높은 지위에 있는 자들이 국

---

33 정지(鄭地): 고려 말에 수군의 강화를 건의하여 공이 컸고 남해에서 왜구 격퇴에 공이 컸으나 공양왕 때 김저(金佇)의 옥사(獄事)에 관련되어 귀양감.

34 김덕령(金德齡): 임진왜란 때 의병장으로 담양에서 의병을 일으켜 호익장군虎翼將軍이라는 호를 받았으나 이몽학의 난 때 적의 책략으로 적장과 내통한다는 말이 돌아 서울로 압송되어 옥사함.

35 정문부(鄭文孚): 임진왜란 때 의병장으로 함경도 길주에서 일본군을 크게 물리쳤으나 인조 때 무고로 살해되고 말았음.

36 권율(權慄): 조선시대 의주목사, 도원수를 역임한 문신이자 장수로 임진왜란 때에 행주산성에서 혁혁한 전공을 세웠다.

37 곽재우(郭再祐): 임진왜란 때 홍의장군으로 최초로 기의한 의병장으로 임진왜란 극복에 중요한 공헌을 한 장수이다.

가의 존속과 멸망을 생각하지 않으니 시골에 묻혀 사는 자는 죽어 마땅하다"라고 외쳤으며, 그가 벼슬을 버리고 쉴 때는 "임금과 신하가 마땅히 뉘우치고 분발하여 몸과 마음을 함께 하여 국력을 회복하도록 해야 할 것이요, 만약 이대로 어진 사람을 멀리하고 간신만 가까이하며 당파를 만들어 개인적 이익에만 힘쓰면 반드시 국가는 위험과 멸망에 빠지고 만다" 고 하였다. 송나라가 망한 것은 진회(秦檜)[38]의 죄가 하늘에 사 무친 때문이니 만약 종택宗澤[39]과 악비(岳飛)[40]로 하여금 조금 이라도 마음과 힘을 펴게 하였더라면 어찌 조그만 조정을 한 모퉁이에 몰아넣어 끝끝내 떨치지 못하였으랴.

행주에서 큰 승리를 거둔 도원수 권율 장군은 진지 안에 있을 때 파직당하였고 하늘이 내리신 명장 홍의장군 곽재우 는 끝내 귀양살이로 늙게 하였다. 나라의 위급함을 건지고 명나라가 망하게 된 것을 구하여 천하를 평정하려는 뜻을 품 었던 임경업도 또한 간신 김자점의 손에 죽었다. '백두산의

---

38 진회(秦檜): 남송 초기의 정치가. 남침을 거듭하는 금(金)나라와 중국을 나 누어 영유하기로 합의하였으며 금나라에 신하의 예를 취하였다. 24년간 재 상직을 지낸 유능한 관리였으나 반대파를 억압하여 비난받았다.
39 종택(宗澤, 1059~1128): 북송 말기 무주(婺州) 의오(義烏) 사람. 흠종(欽宗) 정강(靖康) 원년(1126) 자주지주(磁州知州)가 되어 성벽과 방어물 등을 정비 하고 의용군을 모아 금나라의 남하를 저지했다.
40 악비(岳飛): 중국 남송 초기의 무장이자 학자이며 서예가. 북송이 멸망할 무 렵 의용군에 참전하여 전공을 쌓았으며 대군벌이 되었지만 무능한 고종과 재상 진회에 의해 살해되었다.

돌은 칼을 갈아 다 닳았고 두만강의 물은 말을 먹여서 없애리. 사나이 20세가 되어도 천하를 평정하지 못하면 후세에 어느 누가 대장부라 일컬을 것인가'라고 읊은 남이 장군은 이 한 수의 시로 죽음을 사게 되었다. 간신이 기를 펴고, 뜻있는 자는 명분을 달아 죽이니, 우리의 근본 기운이 꺾이는 것은 그와 같은 내력이 있었다. "현명한 신하를 가까이하고 소인을 멀리함으로써 전한(前漢)이 흥성하였고 현명한 신하를 멀리하고 소인을 가까이하여 후한(後漢)이 멸망했다."라고 말한 제갈무후[41]의 말을 외노라니 눈물이 빗발침을 금할 수가 없다.

위에서 말한 것은, 마치 이리와 승냥이 같은 간신·소인이 앞을 막는 것은 임금이 밝지 못한 탓이라고 함과 같다. 나의 친구인 육군 참령 이조현[42]은 장수 가문의 아들로 용맹이 뛰어나 나이 스무살이 못 되었는데도 호랑이를 맨주먹으로 때려잡아 친척들을 깜짝 놀라게 했다. 이에 친척들은 뒷날 가문의 화가 될까 두려워하여 그를 몰래 없애 버리려 하였다.

41 제갈무후(諸葛武候): 제갈공명을 가리킴
42 이조현(李祖鉉, 1873~1909): 1892년에 무과에 합격하고 1894년에 육군 부위로 임명되어 군인 장교로 동학혁명과 의병 진압 작전에 참여하면서 민간인들에게 작은 피해도 주지 않았다고 한다. 경북 경산과 경남 거제 군수를 역임하고 어떤 사건에 연루되어 귀양살이도 하였다. 1906년에는 육군 참령으로 승급하였으며 그 후 강화 군수를 지냈으나 청빈한 생활로 집 한 채 없이 살다가 서울에서 기호흥학회 임원으로 활동하였다.

그의 어머니가 울면서 이를 막자 다시 그를 얽어매 두고 쇠 젓가락 끝에 약을 발라 불에 달구어 그의 온몸을 지졌다. 그래서 그의 근육이 줄어들고 결국 힘을 못 쓰게 되었다. 어느 날 그가 나에게 옷을 젖혀 보이는데 화젓가락 자국이 얼룩져 한 군데도 성한 곳이 없었다. 그는 늘 지난 얘기를 할 때마다 매우 흥분하곤 했었는데, 뒷날 이조현은 개혁에 뜻을 두다가 죄를 얻어 귀양살이로 떠돌다가 비참하게 세상을 떠났다. 마지막 순간까지 가슴을 어루만지던 그의 마음속에는 사무친 한이 남아 있었으리라.

아아, 인재를 꺾어 버리는 것이 조정과 민간에서 똑같이 행해졌으니 비록 망하지 않으려고 해도 어쩔 수가 없었다. 인재가 그렇게 모두 꺾어 버렸는데 물건인들 어찌 남아 있을 수 있겠는가. 여기까지 써내려오니 마음이 아파 미칠 것만 같다.

무릇 박랑사중(博浪沙中)에서 진시황을 쳐부수던 철추, 왜구를 베던 무등산의 회고 푸른 기운이 서린 칼, 몽고를 쳐부수던 박서의 포차와 철액, 서경(평양)을 평정하던 조언의 대포와 화약, 절도사 박의장의 진천뇌와 김시민의 현자총 등은 연대가 오래되어 남은 것이 없다. 3백 년 전 우리나라에서 처음으로 만들어낸 거북선과 비행거도 또한 흙을 버리듯 하였으니,

우리나라 사람들의 관심이 대체 어디에 쏠린 것인지 나로서는 알 수가 없다. 권세 때문이라면 망한 나라의 벼슬이 영광될 게 무엇이며, 금전 때문이라면 나라가 망하고 집안이 깨어졌는데 돈이란 겨우 적에게 양식을 도와줄 뿐인데 개인의 욕심이 총명을 가리는 것이 여기까지 이르렀단 말인가.

아아, 장성(長城)이 스스로 무너지니 오랑캐의 세력이 뻗어나 죄 없는 백성들이 칼날 위에서 목숨을 애걸하게 되고 남을 괴롭히는 사람들 아래에서 고통스러워 차라리 죽음을 찾게 되었다. 서리를 밟으면 얼음살이 잡히듯 이러한 것들은 까닭 없는 것이 아니었으며, 쇠약해져서 난리를 겪고 망하여 모욕을 받게 됨은 우리들이 스스로 불러오게 된 것이었다. 총이며 칼을 모두 빼앗기고 난 뒤에 오랑캐들의 잔학함을 통탄하고 한스럽게 여긴들 이미 때는 늦었다. 돌이켜보건대 백성들의 기운이 여러 차례 꺾인 뒤에도 오히려 볼 만한 것과 두려워할 만한 것이 남아 있었다. 한성의 곤봉싸움, 평양의 돌팔매, 호중(湖中)[43]의 주먹받이와 그밖에 씨름·뛰어넘기·줄다리기 등이 그것이다. 이것들은 원래는 민간의 놀이지만 무예를 숭상하는 정신이 깃들어 있어 아주 약해져 망해 버리지

---

43 충청도를 일컫는다.

않은 것이 된다. 그러나 이것마저도 이제는 모두 꺼려하는 사람들의 금지하는 바가 되었으니 '자유'란 두 글자는 한국의 사전 속에는 마땅히 있어야 할 글이 아닌 모양이다.

아아! 나라의 역사를 잊어버렸다는 것은 무엇을 말하는 것인가? 나라의 문헌[44]은 곧 나라의 정신이며 그러한 문헌은 곧 국사(國史)에서 찾을 수 있다. 아아! 우리 한국은 이제부터 역사가 있을 수 없고, 지금까지는 비록 있다고 하나 없었던 것과 다름없다. 우리나라 역사 5천 년 내에 경서(經書)나 문자(文字)가 화를 입은 것은 크게 네 번이었다. 당나라 총관 이세적에 의해 사고[45]를 불태워 버린 것이 처음이고, 원나라 세조 쿠빌라이가 고려사(高麗史)를 깎아 버린 것이 두 번째다. 세 번째는 견훤의 난리를 만나 신라의 경서와 사적이 불길 속에 묻혀 버린 것이며, 네 번째는 연나라의 난리를 만나 기자(箕子)의 역사 또한 남아 있는 것이 없게 되었다.

아아, 슬프다.『단군사(單軍史)』·『단조사(檀朝史)』·『신지서운관비기(神誌書雲觀秘記)』·『안함노원동증삼성기(安舍老元董仲三聖記)』·『표훈천사(表訓天詞)』·『지공기(誌公記)』·『도증기(道證記)』·

---

44 ①문물제도의 내력, 근거가 되는 기록. ②학술 연구에 자료가 되는 문서.
45 사고(史庫): 조선시대 나라의 역사를 기록한 책과 중요한 서적을 감추어 두던 정부의 창고.

『동천록(動天錄)』·『통천록(通天錄)』·『지화록(地華錄)』과 고흥의 『백제사(百濟史)』, 이문진의 『고구려사(高句麗史)』, 거칠부의 『신라사(新羅史)』·『발해사(渤海史)』등은 다만 그 이름이 남았을 뿐 그 책은 찾아볼 수 없게 되었다.

조국이 그처럼 쇠하여 약해지고 국학(國學)[46]이 날로 허물어지자 후세에 역사를 쓰는 사람들은 나라의 특성을 잃어버리고 군주의 조상들을 멸시하여 외국에 아첨하여 정치에 관계된 문헌이나 제도와 문물, 법도의 변천과 손해와 이익을 비고(備考)로 거울삼아 알 만한 것은 없애 버린 것이 많고, 심한 것은 옛날의 역사책 가운데 언어·문자가 다른 나라를 지적하여 탓하는 것만 있어도 또한 고쳐 버리거나 삭제해 버렸다. 옛날 도의(道義)를 가르치는 경전이나 서적에도 우리민족 고유의 정신적·물질적 우수성이 남아 있는 것은 또 이단(異端)이라 하여 빼어 버리고 싣지 않았다.

적을 토벌하고 땅을 넓히는 것을 어그러진 도라 하였고, 이웃 나라를 사귀는데 겸손하고 무조건 낮추는 것을 본분이라고 하였다. 수레에 실으면 소가 땀을 흘릴 만큼 많고, 쌓아서 대들보에 닿을 만큼 많이 오래 전해오는 책은 다만 한 가지

---

46 국학(國學): 자기 나라의 전통적인 국민의 신앙 · 사상 · 문화에 관한 학문.

성(姓)을 쓰는 사라들의 족보이며, 대대로 내려오는 종노릇을 하는 사람들의 문서일 뿐이다. 개인이 지어 적은 기록이 우연히 참된 것을 남긴 바 있게 되면 또한 억눌러 널리 돌려보지 못하게 하였다. 병사업무에 관계되는 것으로『병학통(兵學通)』·『무예보(武藝譜)』·『연기신편(演機新編)』·『위장필람(爲將必覽)』등, 전기류로『삼년사십걸(三年十四傑)』·『신라수이전(新羅殊異傳)』·『각간선생실기(角干先生實記)』·『이충무공전서(李忠武公全書)』·『해동명장전(海東名將傳)』등, 지리·지도류로『여지승람(輿地勝覽)』·『택리지(擇里志)』·『산수경(山水經)』·『도리표(道里表)』·『아방강역고(我邦疆域考)』·『대동여지도(大東輿地圖)』·『대동열읍지도(大東列邑地圖)』·『청구도(靑邱圖)』·『근역도일람(槿域圖一覽)』등, 우리말에 관한 것으로『훈민정음(訓民正音)』·『동언해(東言解)』·『동언고(東言考)』·『훈민정음도해(訓民正音圖解)』등과『만기요람(萬機要覽)』·『성기운화(星機運化)』·『인정(人政)』·『천학고(天學考)』·『외국풍토지(外國風土誌)』·『해동제국기(海東諸國記)』등의 서적들은 대부분이 없어져 버렸다. 또한 근세의 이익·정약용·유형원·박지원 같은 선현들이 지은 역사·지리·정치·학술 등에 관한 모든 위대한 논술과 걸작들은 모두 세상에 퍼지지 못하고 있다. 한치윤의『해동역사(海東繹史)』, 신경준의『비거책대(飛車策對)』, 이규경의『오주연문(五洲衍文)』, 윤종의의 『벽위신편(闢衛新篇)』은 최근에 이르러서야 겨우 발견되었다.

이 새로운 세기의 흐름 속에 태어나 외래의 자극을 받으면서, 옛날의 문헌을 끌어모아 군주의 조상을 추념하며 선열들을 떨쳐 일으켜 후손들을 격려시키려는데, 흩어진 조각과 짤막한 기록들이 제대로 완전한 것이 못 되어, 혹은 다른 나라에 기록되어 있는 것을 빌어서 겨우 옛날의 묵은 자취를 엿볼 수 있으니 그것은 슬픈 일이다. 그나마도 흩어진 것을 모으고 없어진 것을 찾아 뜻있게 지켜보려는 사람이 드무니 새벽하늘에 보이는 별과 같다. 최근에 몇몇 사람들이 번역하여 지은 것 중에서 볼 만한 것이 있기는 하다. 그러나 역사적 기록을 찾아 인용한 것이 당시의 잘못된 기록을 그대로 옮겼으므로 빠지고 잘못된 것을 또한 면할 수 없게 되었다. 대개 올바른 문헌을 찾을 수가 없어 우리나라에는 오랫동안 믿을 만한 역사가 또한 없어지고 말았다.

나는 외로운 몸으로 중국 땅을 홀로 떠돌면서 그 중에서도 훌륭한 학자라고 인정받는 장빙린[47] 같은 분을 만나 보았다. 그러나 그도 한(漢)나라 때 현도·낙랑·임둔·진번의 4군을 설

---

[47] 장빙린(章炳麟 1868~1936): 20세기 중국 유학자를 대표하는 학자이다. 중국의 국학이론을 확립한 인물로 백화문 사용을 적극 반대하였다.

치한 곳이 다만 위만이 세력을 얻어 자리 잡고 있던 한쪽 귀퉁이였던 것을 알지 못하였으니 그 당시 열수(洌水)[48] 이남은 여러 나라가 전과 다름없이 독립하고 있었다. 많은 견문과 지식을 가지고 있다고 자처하고 있던 량치차오(양계초) 같은 사람도 우리나라에 대해서는 증거를 들지 않고 논평한 것이 많다. '나랏글이 없는 나라'니, '망하지 않을 수 없다'는 등 옳지 않은 단정을 내렸으니 슬픈 일이다. 이러한 것은 우리를 모욕함이 지나친 부분이다.

그러나 나로서는 장·양 두 사람을 나무랄 수도 없다. 우리나라 역사의 기록이 없으니 그들이 찾아볼 방법이 없고 오직 한서(漢書) 가운데 나타난 짤막한 몇 마디와 일본인들이 써놓은 미친 소리와 허튼 수작을 그대로 옮겼을 뿐이기 때문이다. 우리에게 우리의 역사가 없으니 무엇으로 해명하며, 나라가 망하였으니 또 무슨 말을 할 것인가. 슬픈 일이나 우리들이 수모를 받는 것은 우리 스스로가 불러일으킨 일이다. 장·양 두 사람은 중국 사람이니까 그들이 우리나라의 역사를 모르는 것은 당연한 일이다. 그러나 우리나라 구학문을 공부한 선생들에게 도읍 건설에 대해 물어보면 중국 고대의

---

48 열수(洌水): 지금의 대동강

요(堯)임금 때의 산동(山東)이나 평양(平陽)은 말할 수 있으나 우리의 조상 단군의 요동(遼東) 평양(平壤)은 모르고 있으며, 복국(復國)을 말할 때 명나라 태조 주원장은 말하나 동명성왕 고주몽(高朱蒙)은 알지 못한다. 또한 나무하는 아이와 짐승치는 아이들까지도 위수(渭水)에서 낚시질하던 강태공(姜太公)은 노래하지만 노련한 선생이나 덕망이 높은 선비라도 귀주(龜州)에서 적을 물리친 강태사(姜太師)[49]는 아는 사람이 드물다.

신지식을 안다고 하는 학자들도 고적을 말하라고 하면 마니산의 제천단은 모르면서도 이집트의 금자탑을 자랑삼아 이야기하며 정평구[50]가 처음 만들어낸 비행기는 몰라도 멍불이 발명한 기구(氣球)는 과장하여 말하고, 인쇄활자는 반드시 독일과 네덜란드만 들먹였지 그보다 수백 년이나 앞서서 만들어진 신라·고려는 이야기할 줄 모른다. 문장을 배우고 글귀를 따는 데에도 이태백이나 두보만 숭상하여 우리나라 고유의 학술·문학은 배울 것이 없다고 하였다. 위인의 명언이나 훌륭한 행동을 말하라 하면 위싱톤이나 넬슨만 알았지 우리나라의 훌륭한 철학자나 뛰어난 인물들은 말할 것 없다고

---

49 강태사(姜太師): 고려 현종 때 거란 침략군을 물리쳐 승리한 강감찬 장군.
50 정평구(鄭平九): 조선조 선조 때 비거를 발명하였다. 임진왜란 때 진주성전투에서 비거를 사용하여 적의 포위망 속에서 외부와 연락하였다.

하였다. 나도 이태백이나 두보의 문장을 사랑하지 않는 것은 아니다. 다만 우리 동포들이 자기 것을 버리고 남의 것만 좇음은 원치 않는다. 어찌하여 우리나라 사람들은 어리석게도 스스로 얕잡아 보는 근성과 책은 들추면서도 조상을 잊어버리는 기풍이 아직까지도 없어지지 않는 것인지 참으로 가슴 아픈 일이다.

아, 나는 지금 우리나라의 일을 말하는 데 남의 서적을 빌고 타인의 말을 중하게 여기게 되었음을 더욱 부끄럽고 아프게 생각한다. 예컨대 내가 우리나라의 교화와 근본을 이야기할 때는 하는 수 없이 『명사(明史)』와 『한서(漢書)』를 인용하지 않을 수 없게 된다. 『명사』의 왕합주(王合州)의 『속완위여편(續宛委餘篇)』에 "동방에 단군이 처음 나와서 신성(神聖)의 교(敎)로써 백성을 조심스럽고 온후하게 가르쳐 대대로 강한 민족이 되었는데 그 교명(敎名)을 부여에서는 대천교(代天敎), 신라에서는 숭천교崇天敎, 고구려에서는 경천교(敬天敎), 고려에서는 왕검교(王儉敎)라 하여 매년 10월에 하늘에 제사지냈다"는 기록이 있다. 『한서』에는 사마상여(司馬相如)가 한 무제에게 말하기를 "폐하께서는 겸손하고 양보하시어 나타나지 마시고 삼신(三神)의 즐거워함을 받으소서"라 하고 삼신은 상제(上帝)라고 주를 달아 해석하였다.

또 『요사(遼史)』·『금사(金史)』·『만주지(滿洲誌)』를 펼쳐 보면, 『요사』에 "신책(神冊) 원년에 영주 목엽산에 조상들의 위패를 모셔 놓은 사당을 세우고 동쪽으로 천신(天神)의 자리를 정하였으며 사당의 뜰에 박달나무를 심어 임금나무라 하였다. 황제가 직접 제사를 드리는데 전쟁에 나아갈 때는 반드시 먼저 사당에 알리었으며 이에 삼신을 세워 이를 주로 제사지냈다"라는 기록이 있다. 『금사』에는 "대정(大定) 12년 12월에 예의상 흥국령응왕(興國靈應王)으로 높였고 명창(明昌) 4년 10월에 다시 개천홍성제(開川弘聖帝)로 책봉했다"라는 것이 적혀 있다. 또 『만주지』에는 "부여족의 종교는 하늘을 숭배하는 것이다"라고 하였다. 이런 것들은 짤막한 말들이지만 보배처럼 받들어야 하는데도 섣불리 지껄이기를 "다른 사람도 이런 말을 하였고 어느 역사 기록에도 이런 것이 실려 있다"고 하니 참으로 슬퍼할 일이다.

아아, 만약 우리 민족에게 '환웅이 태백산 박달나무 아래로 내려오셨다'는 한 줄의 문구가 없었다면 우리들이 갈천씨(葛天氏)의 백성이 되었을지 무회씨(無懷氏)[51]의 백성이 되었을지 우리 자신도 알 수 없는 일이다. 또한 만약에 환인 상제의

------

51 갈천 씨와 무회 씨는 각각 중국 고대 전설상의 왕임.

말씀이 없었고 마니산에서 하늘에 제사를 지낸 일이 없었다면 우리들은 시전이나 서전, 신약이나 구약에서 비슷한 말을 빌어 거기에 의존하였으리라. 성호 이익, 다산 정약용 두 분의 종교론도 앞의 삼신설이 없었다면 우리들은 또한 선교(仙敎)[52]라고만 칭하여 영영 무당들의 손에 의해서 더럽혀지지 않았을까.

고구려 광개토왕의 옥쇄[53]가 안휘성(安徽省)의 정(程)씨 집에 소장되어 있다는 말을 들었었는데 신해(1911)년에 연경에서 정(程) 가정(家楨)군을 알게 되었다. 군이 말하기를 "광개토왕의 옥쇄를 동삼성(東三省)[54]의 어떤 시골 노인에게서 얻어 매우 보배롭게 여긴다"고 했다. 그러면서 나에게 꺼내 보이려고 하였는데 마침 손님이 밀려들어 다음 날 보여주기로 하면서 또 말하기를 "오록정(吳祿貞)[55] 장군이 동삼성에 있을 때 당신 나라의 고대 인장과 물건 몇 가지를 얻었는데 모두 훌륭한 것이다"라고 하였다. 나는 다음날로 그곳을 떠나오게 되어 뒷날 다시 만날 것을 기약하였는데, 이제는 두 사람이 다

52 선교(仙敎): 신선神仙을 배우고자 도를 닦는 종교.
53 옥새(玉璽): 옥으로 만든 국새國璽. 임금의 도장.
54 동삼성(東三省): 만주지방을 말하는 것으로, 봉천성 · 길림성 · 흑룡강성을 말함.
55 오록정(吳祿貞 1880~1911): 청나라 말기의 군인이자 혁명가. 그는 직접 두만강 유역을 조사하여 옛날부터 중국의 영토라는 점을 고증하여 간도협약을 통해 영유권을 빼앗는데 큰 역할을 하였다.

세상을 떠났으니 어떻게 그 사람과 그 물건을 찾아본단 말인가?

만주에서 조공을 가져올 때 임금께 바치던 글은 비로소 호남(湖南)의 『송씨유록(宋氏遺錄)』에 나타나는데 쑹자오런(宋敎仁)이 기록한 것을 보면, "동삼성 등 여러 곳에 있을 때 만주족, 청나라가 아직 대궐에 들어오기 전의 세상에 드러나지 않은 역사를 많이 얻어 보았는데 지금은 모두 동경에 보존되어 있다. 그 중에 만주가 고려에 바치는 글에 스스로 '후금국 노재(後金國奴才)'라고 하였다. '노재'라는 두 글자의 내력은 실로 만주가 섬기는 상국(上國)에 대하여 적용하는 말로서 뒷날에까지 내려와 습관이 된 것이다"라고 하였다. 안타까운 것은 좀 더 쑹군에게 그 자초지종을 자세히 들어 보지 못한 점이다.

봉천성의 기공비[56]도 청나라 사람들이 처음 발견하였다고 들었다. 광개토왕이 북쪽으로 거란을 정벌하여 수천 리의 땅을 넓혔고 남으로 왜적을 쳐부수어 신라를 구하였다고 씌어 있는 이 비석은 지금도 봉천성 집안현 남아 있다. 거기에는 "은혜와 혜택이 하늘의 황제에 미치고 그 위세와 무예가 사

---

56 기공비(記功碑): 중국 지린성 지안현 퉁거우에 위치한 고구려 제19대 광개토대왕릉비.

해(四海)에 입히었다"라는 글귀가 있으며 글자 하나하나의 획이 힘차서 중국의 금석가들도 한나라와 위나라 때의 수준에 드나들 만하다 하여 그것을 본뜨는 자가 많다고 한다.

명석포의 백마총은 일본인들이 말하여 비로소 알게 된 것이다. 김세렴의 『해차록(海差錄)』에 말하기를 "일본 연대기에 오진천황(應神天皇) 22년에 신라가 명석포에 쳐들어왔는데 오사카에서 겨우 백 리의 거리다"라고 실려 있다. 또 아카세키 동쪽에 한 언덕이 있어 일본인들이 가리키어 말하기를 "이것은 백마분인데 신라 병사들이 깊이 일본으로 들어오게 되어 일본이 화해를 청하게 되자 흰 말을 잡아 그 피로써 맹세하고 말머리를 이곳에 묻어 두었다"고 하였다.

신숙주의 『해동제국기(海東諸國記)』에는 "신라 진평왕 4년 일본 비다츠천황(敏達天皇) 12년에 신라가 서쪽 변방에서 왜군을 정벌하였다"라고 적혀 있다. 안정복의 기록에는 "지금 동래 앞바다 절영도에는 오래된 성이 있는데 세상 사람들이 말하기를 신라의 태종이 일본을 정벌할 때에 쌓은 것이어서 태종단이라고 부른다"라고 적혀 있다.

우리 해군의 뛰어남을 말하려면 일본사를 인용하여야 하며 우리 철갑선을 이야기하려면 영국인의 기록을 보아야 한다. 심지어 우리 글의 간편함을 말하려 해도 미국 선교사들의 말을 빌어야 하게 되었으니 슬프고 또 슬픈 일이다, 이토록 문헌을 찾을 수 없게 된 것은 누구의 죄인가? 나는 이제 큰 소리로 우리나라 사람들에게 외치나니 원컨대 중국사, 요·금사, 만주사, 일본사, 영국사 같은 것을 모두 비치하도록 하라. 만약 당시에 그 사람들이 대신 기록하지 않았다면 우리는 우리들 조상의 가르침과 종법이 무엇이며 위대한 공로들이 어떠한 것이었는지 알지 못했을 것이며 우리에게도 우리들만의 역사와 말과 글이 있었던 것을 알지 못하였을 것이다.

우리들의 어리석고 깨우치지 못함이 어찌하여 이렇게도 심한 것일까? 5천 년 역사 속에 우리들은 여기서 나고, 자라고, 먹고, 입고, 버젓한 나라를 세워 다른 나라와 어깨를 겨누며 살아왔다. 만약 예의도 교육도, 덕망 있는 인물도 없었다면 어찌 그렇게 오래도록 나라를 빛내며 이어 올 수 있었겠는가. 어쩌자고 오직 다른 나라에서 대신 기록해 준 것을 제외하고는 우리의 일을 까마득히 모르는가. 잊어버림도 너무나 지나치다. 제 나라의 역사조차 잊어버리게 되었으니 이대로 흐리멍덩하게 지나게 된다면 오랫동안 전해 내려온 얼마 안되는 기록들과 다른 사람이 써놓은 짤막한 문구들도, 오늘날 보배롭게 여기는 것들까지도 장차는 아주 남김없이 잊어버리게 되고 만다. 그렇게 되고 보면 단군의 자손이니 부여 민족이니 하는 것은 겨우 망국이라는 하나의 명사로 다른 나라의 역사에 남겨지게 될 뿐이요, 우리들의 마음 속에는 '대한'이라는 두 글자의 자취는 영영 사라져 남아 있지 않을 것이다.

아아, 슬프다! 아정 이덕무는 말하기를 "발해사의 편찬이 없는 것을 보면, 고려가 떨치지 못하였음을 알 것이다"라고 하였고 또 중국의 공인화는 "남의 나라를 무찌르고 남의 터전을 흔들며 남의 인재를 끊기도록 하고 남의 교화를 없애 버리며 기강을 무너뜨리고 남의 조종(祖宗)을 짓밟아 버리려면 먼저 그 역사를 없애야 한다"고 하였다. 아아, 우리 동포들도 오늘에 이르러서야 이 말이 뼈에 사무치도록 절실한 것임을 알 수 있으리라.

아아, 천지신명의 자손들도 다 함께 생(生)을 타서 났고, 기(氣)를 품고 있으면서 그토록 앉아서 망하기만을 기다렸으니 뉘우쳐도 쓸데없는 일이다. 그렇다고 아주 멸망해 없어지는 것을 달갑게 여겨야 할 것이냐. 금협산인(錦頰山人) 신채호는 하동의 썩은 뼈를 꾸짖으면서 대동사(大東史)를 썼고 곡교소년(曲橋少年) 최남선은 서산에 지는 해를 탄식하면서 광문회를 만들었고 홍암나자(弘巖羅子) 나철은 대종교리(大倧敎理)

를 밝혔고 주시경은 조국의 말과 글을 갈고 닦으며 연구하였다. 우리의 나아갈 길은 외롭지 않아 그런 기쁘고 다행한 일이 있으니 오직 바라는 것은 그것을 이어받을 사람이 일어나서 서로 찾고 호응하여 준다면 이것으로 나라가 망함을 뉘우치는 한 줄기 상징이 되어 장차 죽어가려는 인심을 되찾을 수 있으며 나라의 혼이 흩어지지 않게 할 것이다. 아아! 동포여 지금이 어떤 시기인가. 노예 아래서 노예가 되고 옥 속의 옥에 갇혔어도 깨닫지 못하고 여전히 어리석고 게으르고 거칠고 뿔뿔이 흩어진다면 그 죄값으로 나라가 망하는 것뿐만 아니라 눈깜짝할 사이에 종족이 멸정되는 화를 입을 것이다.

나 역시 성리학을 숭상하고 철학도 연구해야 마땅할 것이지만 다만 오늘날과 같은 세대에 태어나서 치욕을 씻기 위한 죽음을 구하기에 여념이 없으니 언제 인성과 천명을 이야기하고 사물을 해부 분석해 볼 겨를이 있겠는가. 나의 가장 공경하고 사랑하는 노학자들과 신학문의 학도들이여, 자양(紫陽: 주자)에게 두 무릎을 꿇고 감히 스스로 한발자국도 옮겨 딛지 못하는 것은 남이 뱉아 버린 침을 핥는 것과 같으며, 온몸을 백조(白潮)[57]에 적시는 것은 그 껍데기도 알기 전에 먼저 내

57 백조(白潮): 1922년 1월 박종화 홍사용 나도향 박영희 등이 창간한 잡지로 3·1운동이 실패한 이후 허탈한 느낌의 정신적 상황을 잘 반영하고 있다. 백

정신을 장사지내는 것과 같다. 원수를 멸망시키지 못하면 백록(白鹿: 주자)의 죄인이 될까 두려우며 문명을 몽상하기만 하는 것은 벽안(碧眼)[58]의 참다운 벗이 되지 못할 것이다. 아아, 제군들이여! 깊이 생각해 볼 일이다.

아, 단군의 문명은 이미 우리 노장들의 머리 속에는 관념조차 남아 있지 않고 일본의 진무천황(神武天皇)과 메이지천황(明治天皇)만이 우리 어린 자제들의 뇌리에 차 있다. 분명히 우리의 조상, 우리의 열사, 우리의 말, 우리의 글이며, 분명히 우리의 머리 속에 박혀 있고, 분명히 우리 입에서 나온 것일지라도 감히 국조·국사·국문·국어라 하지 못하고 조선사·조선문·조선어라고만 부르도록 하니 앞으로는 조선인이라는 말도 또한 뿌리째 없어지고 만다. 그렇게 된다면 나라가 망한 후의 우리나라의 얼은 어디에 의탁하게 되며, 흩어졌다가도 어디로 다시 모일 것인가. 아아, 동포들이여! 모름지기 마음을 넓혀 잠시나마 그 돌아가 의지할 곳 없는 우리의 나라 얼을 받아들이지 않으려는가. 내가 이런 말을 하는 것은 감히 덕행이 높은 선비를 지적해서 하는 것이 아니요, 또 우리

조파 시의 특징은 애수 비판 자포자기 죽음의 동기 등을 제대로 시로서 승화하지 못한 채 격정적이거나 애상적인 어투로 표출한 신문학의 유파였다.
58 벽안(碧眼): 서양 사람을 가리킴.

의 단점을 보이기를 즐겨해서도 아니며 또 일부러 말을 꾸며서 사람들을 속이려는 것도 아니다. 정말 정세가 급하니 무엇을 꾸며 대며 무엇을 돌아볼 형편이 못된다. 눈에 보이고 귀에 들리는 것이 모두 분하고 원통하고 가슴이 막혀 참을래야 참을 길 없고 오직 슬픔을 알릴 뿐 말을 골라서 할 수가 없다.

나라의 수치를 잊었다는 것은 무엇을 말하는 것일까. 우리의 가장 큰 원수는 저 숱한 악을 행하는 일본이 아닌가. 옛날로 거슬러 올라가면 삼국시대에서부터 우리를 도둑질하고 침략하기를 여러 차례였다. 임진년(1592)에는 강한 무력만을 앞세우고 우리를 짓밟았으며 을미년(1895)에는 우리 명성황후를 죽였고 갑진년(1904)과 을사년(1905)에는 우리의 주권을 빼앗았고 병오년(1906)과 정미년(1907)에는 우리의 임금을 협박하여 물러나게 하였고, 우리 군대를 해산시켰으며 우리 의병을 학살하였고 우리의 살아 있는 영혼을 죽여 한낱 어육魚肉으로 만들었으며 경술년(1910)에는 우리나라를 멸망시켜 우리 동포를 소나 말처럼 만들었다. 생각하면 저들의 모든 죄악은 남산의 나무와 한강의 물을 다 기울여도 그 만분의 하나도 기록할 수 없으니, 아아, 한국인의 건망증이여! 몸소 그해와 독을 당하고서도 지나고 난 다음 환경이 바뀌면 막연히 대처할 뿐이다. 우리나라 수치의 역사를 읽는 사람은 모두 이를 갈고 눈을 부릅뜨며 긴 한숨으로 원통히 여기면서도 그 순간만 지나면 깨끗이 잊고 마니 그 건망증이 너무나 심하구나.

화친을 꾀하는 사절단을 만나면 잊어버리고, 선물을 받으면 잊어버리고, 대낮에 칼을 거머쥐면 잊어버리고, 밤중에 돈을 주면 잊어버리고, 오사카의 포병 창고를 보고도 잊어버리고, 교주만(膠洲灣)[59]의 선전문을 읽고서도 잊어버리고, 높은 관리직과 작위를 주면 기뻐서 잊어버리고, 관광을 시켜주며 영화를 누리게 하면 그것을 놓칠까 걱정하여 잊어버리고, 심지어 채찍으로 얻어맞아도 잊어버리고, 우리를 고깃덩이로 만들어도 역시 이렇게 잊어버리니 영원히 나라의 치욕을 씻어 버릴 수 있겠는가. "차라리 계림[60]의 개나 돼지는 될지언정 왜국의 신하는 되지 않겠으며 차라리 계림의 채찍과 쇠몽둥이를 받을지언정 왜국의 벼슬과 봉록은 원치 않는다"라고 한 것은 신라 박제상[61]이 왜왕을 꾸짖은 통쾌한 말이며

59 중국 산동성의 동남쪽 황해에 면한 만. 1898년에 독일이 조차(租借). 제1차 세계대전의 결과 일본이 한때 점령하였다가 1922년에 중국에 돌려줌.
60 ①신라 탈해왕 때부터 한때 부르던 그 나라 이름. ②경주의 옛 이름. ③우리나라의 딴 이름. 계림팔도.
61 박제상(朴堤上, ?~416): 신라 눌지왕 때의 충신. 일본에 인질로 가 있는 국왕의 동생 미사흔을 돌려보낸 후 왜왕에게 피살되었다.

"빨리 나를 베어라, 우리 백만 의병이 나의 머리속에 있다"라고 외친 것은 이남규[62]가 일본 관리를 꾸짖은 통쾌한 말이었다.

이 두 분은 그들의 기상과 절개를 조금만 굽혔어도 생명을 보존하고 벼슬과 봉록을 크게 받을 수 있었지만 그렇게 하지 않은 까닭은 부끄러움을 잊지 않았기 때문이다. 불침을 맞으면서도 굽히지 않고 난도질을 당하면서도 꺾이지 않아 지금까지도 늠름한 기상과 절개가 오히려 생기를 품고 있다. 무릇 한 사람의 충성과 의분의 기개는 사나운 오랑캐를 족히 삼킬 수 있나니, 나라를 사랑하는 마음으로 치욕을 잊지 않은 사람에게 있어서랴.

아아, 동포여! 몸이 아직 썩지 않고, 기가 끊기지 않고, 피가 아직 식지 않고, 마음이 아직 죽지 않았다면 임진년 4월, 우리가 적을 격파하던 기념일을 잊을 수 있단 말인가. 국민이 치욕을 알고 잊지 않았기 때문에 싸움에 이기어 그러한 공을 세울 수 있었다. 을미년 8월 20일을 잊었단 말인가. 갑진년 3월 12일을 잊었단 말인가. 을사년 11월 17일을 잊었단

---

62 이남규(李南珪, 1855~1907): 충청도 예산 출신으로 갑오경장의 부당성과 민비 시해의 통분함을 상소하였으나 받아드려지지 않자 영흥부사의 직을 사임했다. 1896년 안동부 관찰사와 1898년 중추원 의관을 역임하였다. 1906년 홍주에서 의병을 일으키고 1907년 체포되어 서울로 호송되는 도중에 온양 평촌 냇가에서 아들 이충구와 가노 등과 함께 피살되었다.

말인가. 병오년 7월 19일과 24일과 30일을 잊었단 말인가.
정미년 8월 10일을 잊었단 말인가(이날은 나 개인이 당한 것을 말한
것이지만 이 해에 노략질당한 비참함은 이루 표현할 말이 없다. 피가 뿌려지
고 혼이 날아가고, 온 들판이 낭자하였으니, 어찌 우리 신씨 문중의 일뿐이라
고 하랴). 그리고 경술년 8월 29일을 잊었단 말인가. 이는 우리
3천만 민족이 모두 일본인에게 학대받은 기념일이다. 우리
는 그 치욕을 아는가 모르는가. 치욕을 알면 피 흘려 목숨을
바칠 수 있고 치욕을 씻으려면 피로써 씻어야 한다. 치욕을
잊은 사람은 피가 식었을 뿐 아니라 피가 없는 것이다. 치욕
을 아는 사람의 피를 보기가 어렵거늘 어찌 치욕을 씻을 피
를 보기만 바라랴. 아아, 동포여! 피가 있는가, 없는가.

　을미년 이충헌, 홍충의의 피는 우리가 혹 잊을 수도 있었
으리라. 을사년 이후 나라를 위하여 돌아가신 여러 선열들의
피도 우리는 장차 모두 잊을 것이다. 그러나 아아, 민 충정공
의 피여! 5개조의 통감협약[63]이 강제로 협박되어 이루어지자
그는 서울로 달려와서 궁궐문을 두드리면 힘껏 간[64]하였지만
끝내 임금과 신하가 뜻을 모으지 못하고, 사회의 결합이 굳
지 못함을 통탄하며 마침내 칼로 목에서 가슴까지 찢으니 살

63 을사늑약을 뜻한다.
64 어른이나 임금께 잘못을 고치도록 말함. 간언(諫言)

점이 흐트러지고 피로 땅을 적시면서 죽어갔다.

아아, 박 참령[65]의 피여! 장군의 마음을 아는 사람은 적으리라. 그는 을미년 이후로 원수를 갚고 울분을 풀고자 하는 뜻을 품어 오다가 마침 고종이 왕위를 물려주고 군대가 해산될 위기를 당하니 그 며칠 전 그는 궁 안으로 뛰어들어가 몸을 바치어 추악한 무리들을 제거하려고 했다. 그러나(이때 일본군 장교들이 임금 곁에서 좌우로 호위하고 있었다) 번번이 임금의 몸에 화가 미칠까 봐 뜻을 이루지 못하고 원통한 마음으로 진지로 돌아왔다. 그때 각 부대의 탄환은 이미 모조리 거두어들여 없앴는데 갑자기 한국 군부대신과 일본군사령관이 황제의 조서를 전하며 각 장군들을 대관정에 소집하였으나 이때 박승환만이 그 자리에 나가지 않았다. 일본군 교관들이 독촉하고 일본병들이 그를 포위하니 놈들의 심사는 지나는 사람도 짐작할 수 있었다. 단번에 일어나 적을 격파하려 해도 도와주는 이도 없는 외로운 진영 안에서 차마 서울의 참혹한 피를 볼 수 없어 자기 몸에 총을 쏘아 피를 흘리며 즉사하니 우리의 사병들이 의분을 못참아 수없이 적을 무찔러 죽였다. 그는 살아서 고종조 제1급 대대장이었고 죽어서는 한반도 천

---

65 박승환(朴勝煥)이다. 역사 기록에는 박성환(朴星煥)으로 많이 알려져 있다.

백세의 영웅적 군인의 신이 되었다.

슬프다! 안중근 의사의 피여! 그는 마음 속으로 조국의 운명을 슬퍼하며 수년간 호소하며 다니다가 죽음을 각오한 동지 몇 명을 얻어 병든 국민들과는 큰 일을 함께 할 수 없음을 깨닫고 하얼빈까지 적을 추격하여 소매를 떨치며 총을 쏘니 탄환 여섯 발이 명중하였다. 통쾌하고 위대하여라. 먼저 원수의 피를 마신 다음 죽음의 길을 찾았다.

슬프다! 홍범식 군수의 피여! 나라가 주권을 빼앗기매 혼자 힘으로 어쩔 수 없게 되자 그릇된 조서를 땅에 던지며 '임금이 욕을 보고 나라가 깨어졌으니 죽지 않고 무엇하랴(君辱國破 不死何爲)'라는 여덟 자를 벽에 커다랗게 써 놓고 목매어 죽었다. 아아! 그때 360주의 군수들이 모두 금산 홍 군수와 같았던들 우리가 어찌 그리 쉽사리 망했겠는가. 뿐만 아니라 대마도에서의 면암 최익현의 피, 원주 진위대의 민긍호의 피, 헤이그 평화회의의 이준 밀사의 피, 종현 이재명[66]의 피, 창의대장 이강년과 허위의 피, 그리고 반학영[67] 같은 분은 80

---

66 이재명(李在明, 1887~1910): 1909년 12월 22일 종현(명동) 천주교 성당 밖에서 이완용을 칼로 찔러 중상을 입히고 대한독립만세를 부른 후 일본 경찰에 체포되었다. 법정 투쟁을 계속하다 이듬해 사형선고를 받고 순국하였다.

67 반학영(潘學榮, ?~1910): 전남 장성 출신으로 일명 반하경(潘夏慶)이라 불렸다. 대한제국기 유명한 내시(內官)로 1910년 8월 경술국치를 당하자 70세의 나이로 통분을 억누르지 못하고 자결했다. 그는 유서를 써 놓고 사람들이 모인 대로상에서 활복자살함으로 일제의 불법성을 세상에 폭로하였다.

세 노인으로 할복자결을 하였다. 김천술은 20세의 청년으로 우물에 몸을 던지었다. 이렇게 충성되고 의로운 피는 하늘과 땅에 가득차 있다. 아아! 동포여, 치욕을 알리는 피는 이미 선열들이 뿌리고 갔다. 치욕을 씻기 위한 피는 이제 뒤에 죽는 사람들이 흘려야 할 책임이 있다.

동포여, 나라가 광복되지 못한 채 나라의 수치만이 극에 다다르는구나. 그대들은 이 일들을 잊었는가, 잊지 않고 있는가. 우리는 30년전의 개혁당의 영수였던 고균 김옥균[68]을 기억하지 않는가. 아아, 춘포(春蒲)에 피를 뿌리고 양화(楊花)에 살덩이가 날아도 큰 뜻을 펴지 못했으니 그 마음을 밝힐 수가 없다. 지금도 그곳을 지날 때면 천고의 긴 한숨을 금치 못하겠다.

김옥균이 처음으로 정치의 개혁을 부르짖어 결국은 난리를 일으키는 무리라는 악명을 갖게 되었으니 전제시대에는 면하기 어려운 것이며 기왕에 그가 역적이라면 죽음도 마땅하다. 그런 국민들이여 한번 생각해 보자. 그날 칼로 그를 찌

---

68 김옥균(金玉均, 1851~1894): 개화기 정치가이자 사상가로 호는 고균(古筠), 본관은 안동이다. 개항 이래 개혁정치를 단행하고자 박규수(朴珪壽, 1807~1877)와 오경석(吳慶錫, 1831~1879) 등에게 국제적인 흐름을 배웠다. 일본의 신문물을 보고 우리나라의 근대화를 위한 개화정책에 애썼다. 갑신정변의 실패로 일본 등지로 10여 년간 망명생활을 하다가 상하이에서 정부의 자객 홍종우(洪鍾宇, 1854~?)에게 살해당했다. 시체는 국내로 옮겨져 양화진(楊花津)에서 능지처참을 당했다.

른 사람과 덩달아 날뛰던 사람들은 과연 나라를 위한 충성에서 그런 짓을 하였는가. 친구 한 사람을 죽임으로써 개인적인 번영과 이익을 탐한 데 불과하지 않은가. 그 이후 나라가 망할 때까지 누가 그러한 의로운 피를 생각인들 하겠는가. 다만 일본인들이 고균을 영웅으로 숭배하여 위대한 점을 찬양하였으나 이는 도리어 고균의 죄를 더해 줄 뿐이었다. 더러는 그들 독립의 허영을 꿈꾸는 사람이라 꾸짖고, 부귀를 도모한 사람이라고 탓할 것인가. 저 김옥균·홍영식 등은 모두 명문귀족의 자손으로서 명예가 넘쳐 부귀쯤은 얼마든지 얻을 수 있었는데 왜 모험을 하며 악명을 들으면서까지 그런 일을 하였을까. 아아, 혁명 선봉의 피를 국민들은 이미 한껏 욕하였거니와 여기에 다시 더 냉혹한 거짓말까지 보태어 그들을 영원히 잊어버려야 한다는 말인가.

정재홍[69]이 자결하였을 때 사람들은 헛된 죽음이라 하였고 심지어 그 뜻을 알 수 없다고까지 하였다. 나는 그가 남긴 「사상칠변가(思想七變歌)」[70]와 그의 아들에게 주는 글을 읽고

69 정재홍(鄭在洪, ?~1907): 서울 출신으로 대한자강회 인천지회장으로 인천 지역 교육계몽운동을 주도하였다. 오랜 망명생활을 청산하고 귀국한 박영효 환영회장에서 그를 저격하려다가 스스로 자결했다. 2007년 건국훈장 애국장이 추서되었다.
70 정재홍이 남긴 유서인 「사상팔변가」로 자결한 이유를 담고 있다. 「생욕사영가生辱死榮歌」와 「추탁서追托書」 등과 함께 『황성신문』과 『제국신문』 등에 소개되었다.

나서 그가 죽지 않을 수 없었던 것을 알게 되었다. '죽음을 두려워 말라(勿怕死)'는 세 글자로써 국민을 일깨워 준 국민들이여, 정씨의 피도 또한 자유가 흐를 수 있는 바탕이 되었다.

어떤 사람들은 말하기를 "피흘리는 것이 망해 가는 나라에 도움이 되지 못한다"고 한다. 말은 맞다. 그러나 치욕을 모르는 것은 실로 나라를 되찾는 데 해가 되는 것이니 결국 우리가 치욕을 알아야 한다는 말은 반드시 피를 흘려야 한다는 결론으로 연결된다. 그들의 말대로 피흘리기를 두려워하는 마음을 옳다고 하면 뻔뻔스럽고 어리석고 둔해져서 치욕을 깨닫지 못하는 데까지 이르고 만다. 국민이 둔하고 어리석고 부끄러움을 모르게 되면 원수를 물리치고 나라를 중흥시킬 희망이 남게 될 것인가? 선열들이 스스로 목숨을 끊으면서 과격한 행위를 한 것은 국민들이 치욕을 모르는 데서 비롯된다. 아아, 주(周)나라 장홍(萇弘)[71]의 의로운 피가 나라에 도움이 되지 못한다니 어찌 가슴 아픈 일이 아니겠는가.

우리 선열들의 나라를 위하여 죽어가면서 흘린 피를 한국인들이 보고 느끼는 바가 있어서 나는 감히 우리가 이를 잠

---

71 장홍(萇弘): 춘추시대 주(周)나라 경왕(景王)과 경왕(敬王) 때 사람. 대부(大夫)를 지냈다. 경왕 28년 진(晉)나라의 대부 범길사(范吉射)와 중행인(中行寅)이 난을 일으켰는데, 함께 일을 도모했다. 진나라 사람이 이 일로 주나라 왕실을 문책하자 촉(蜀) 땅에서 주나라 사람들에게 살해되었다.

시도 잊지 않고 있다고 말할 수는 없으나, 중국인들이 보고 느끼는 바에 있어서, 그 생명을 희생하면서까지 그의 국민들에게 깨닫기를 촉구한 경우를 단 한 사람을 보았다. 열사 반종례[72]가 바로 그 사람이다. 을사년 겨울, 반공(公)은 인천에 왔던 길에 일본인들이 우리를 협박하여 조약을 맺었다는 말을 듣고, 또 충정공 민영환의 유서를 읽고 나서 슬프고 분함을 참을 수 없어, 중국도 장차 그렇게 될 것을 근심한 나머지 바다에 몸을 던졌다. 그는 유서 14조를 중국 정부에 전했는데 그 실행 여부를 나는 알지 못한다. 다만 일본의 야심을 보면 장차 이러한 종류의 협박조약을 중국에도 제출할 날이 반드시 올 것으로 나는 본다. 입술이 떨어지면 이가 시리다는 것을 반 공은 이미 내다보았다. 원컨대 동포들은 나라의 수치를 잊지 말 것이며 또한 원컨대 중국인들은 나라의 수치가 올 것을 미리 막도록 일찍 각성하기 바란다.

아아, 산천은 옛모습 그대로요, 인물도 아직 남아 있다. 삼각산 아래 건천동과 대동강 상류의 석다산[73]에서는 다시금

72 반종례(潘宗禮, 1866~1905): 청나라 순천부 출신으로 일본에서 유학을 마치고 귀국길에 인천을 방문했다. 일본인의 한국인에 대한 폭행과 민영환 유서를 읽고 장차 중국도 이와 같으리라 생각하고 서해 바다에 몸을 던져 순국했다. 청나라 실권자인 위안스카이는 그의 소식을 듣고 조문을 지어 영혼을 위로하였다.
73 충무공 이순신은 건천동(乾川洞)에서 났으며 을지문덕은 석다산(石多山)에서 낳았다.

신령(神靈)[74]이 뛰어나와 울음소리를 지를 것인가. 상당산성 국토봉에서는 다시금 조문렬(조헌)을 뒤어어 나올 자가 없는가? 영양강(榮陽江)의 정충신[75]과 추풍역의 정기룡[76]을 다시는 볼 수 없을까? 창해역사(滄海力士)는 누구며 함흥의 3대 걸인 傑人[77]은 누구인가. 안중근은 황해(黃海)에서 다시 살아나올 것인가. 소나용사(素那勇士)의 가림열부(加林烈婦)[78]와 황진장군(黃進將軍)의 촉석의기(矗石義妓, 논개)는 천고에 오직 홀로만 있을 것인가. 태백산 밑의 아름다운 산수와 우리의 빼어난 남녀들은 그 중에 반드시 인물이 있어 부르면 뛰어나올 것만 같다. 이 나라에 인물이 없다고 하지 말라.

정암 조광조와 이율곡은 우리나라의 공자이다. 정암은 항상 말하기를 "나라를 근심하기를 집안을 근심하듯 하라"고 했다. 율곡은 10만 군 양성을 주창하여 국민들의 고달프고

---

74 산신령이라 일컬어지는 호랑이.
75 정충신(鄭忠信, 1576~1636): 조선 중기의 무신. 임진왜란 때에는 광주목사로 권율 휘하에서 종군하였다. 인조 대에는 이괄의 난을 진압한 공로로 진무공신 1등에 책록되었다.
76 정기룡(鄭起龍, 1562~1622): 임진왜란 때 거창전투에서 왜병 600여 명을 격파하는 등 혁혁한 전공을 세운 장수.
77 함흥삼걸(咸興三傑): 함흥 출신의 조선 중기 무신인 유응수(柳應秀, 1558~?) 한인제(韓仁濟) 이유일(李惟一) 등 3인 장수를 말한다.
78 『삼국사기』 소나열전에 의하면 말갈족이 신라에 침입하여 아달성을 뺏으려 하자 성주인 소나가 싸우다 용감하게 전사하였다고 한다. 소나의 아내는 가림군(加林郡, 현 충남 부여군 임천면) 출신으로 남편의 죽음을 의연하게 받아들여 가림열부로 칭해졌다.

위축된 성품을 구하고 국토 방위를 견고하게 해야 할 것을 미리 생각하였으며 서산대사와 사명당은 우리나라의 석가이니, 서산대사는 의병을 거느리고 산에서 내려와 한번 싸움에 세 도읍을 회복하였다. 임진왜란 때 서산대사의 승전을 보고 명나라 장수 이여송은 글을 보내어 칭송하기를 "나라를 위해 적을 토벌함에 충성스러운 뜻이 하늘에 닿으니 흠모해 우러르지 않을 수 없다"고 하였고 '사사로운 공명에는 뜻이 없이 오직 학문과 참선에만 전념하였는데 국가의 위급함을 듣고 모두 거느리고 산에서 내려왔네(無意圖功利 專心只學禪 今聞王事 急 總攝下山巓)'라는 시까지 보내 왔다.

사명당은 칼을 들고 바다를 건너가 말 한마디로 왜국을 항복시켰다(사명당이 일본 에도(江戸)에 사신으로 건너가니 토요토미 히데요시(豊臣秀吉)는 호위병을 많이 세우고 맞이하였다. 사명당이 눈을 흘기며 태연하게 행동하니 토요토미 히데요시는 "당신의 나라에는 진기한 물건이 많다는데 무엇을 가장 보배로 치는가"고 물었다. 사명당은 시치미를 떼고 "우리나라에서는 왜인의 머리를 으뜸가는 보물로 친다"고 하여 그를 놀라게 하였다).

유학(儒學)을 공부하는 선비들과 도를 닦는 승려들 중에는 이처럼 대대로 인물이 있었는데 지금도 역시 그 인맥이 이어지고 있을까? 우리 종교는 지금에 와서는 비록 보잘 것 없지만 옛날에는 스스로 세워 훌륭한 하나의 교를 이룬 적이 잇다. 누가 우리나라에는 십자가가 없다고 하겠는가. 세월이 화살과 같으니 때는 다시 오지 않는다. 동녘 하늘을 목을 늘이고 보아도 아무 소리도 기척도 없으니 하늘이 우리 한국을 버린 것인가? 아아, 나는 우리 한반도에서 크롬웰이나 단테와 같은 인물을 불러일으키고 싶다. 관서지방의 홍경래와 충청도의 신천영이 혹시 소리치며 나오지 않을까. 나는 황화강 72귀웅[79]을 우리나라에 불러일으키고 싶다. 금산 7백 의사[80]와 같은 그러한 사람들이 소매를 걷어붙이고 일어나지 않을까?

예로부터 망하지 않은 나라가 없고 죽지 않은 사람이 없다. 망하고 죽는 것도 그 도가 있는 것이니 어찍 적을 만나서 화해를 구걸하며 놀라운 소식을 듣고서 도망칠 것인가. 오늘의 일은 전쟁이 아니면 화해이니 한결같이 화해를 주장하는 자는 나라를 팔아먹는 자라한 것은, 대원군의 침통한 말이다. 그러므로 이는 의연히 결단을 내려 국가의 위엄을 살렸던 것인데 못난 후진들의 좁은 소견으로 외국을 배척한 것이라 비

---

79 황화강72귀웅(黃花岡72鬼雄): 중국혁명동맹회가 1911년 4월 27일 광저우에서 감행한 청조(淸朝) 타도의 거병(擧兵)사건. 전사자 중 성명 미상의 72인을 광저우의 북동방에 있는 황화강에 묻은 데서 이 이름이 생겼음.
80 임진왜란 때 조헌(趙憲)을 중심으로 금산에서 순국한 7백 명의 의병.

방하고 완고하다고 비웃었다.

그러다가 적이 쳐들어온 소식이 들리니 우리나라의 높은 관리들은 수레를 옮겨 타고 화해를 부르짖었으며, 또 그 당시의 인사들은 벌벌 떨면서 쥐구멍을 찾지 않는 사람이 없었으니 소위 개명하고 때의 형세를 안다는 것이 실제로는 이런 것들뿐인가? 그때 대원군이 내정을 개혁하고 국방을 튼튼히 하며 불란서 군대를 물리치고 미군 함대를 격파하지 않았다면 점점 힘을 잃어 약해만 가는 우리 역사에 어찌 한줄기 빛이나마 남았겠는가. 아아, 대원군은 정말 쇄국시대의 한 뛰어난 인물이었다. 만약 그가 1,2십 년만 더 세력을 잡았어도 혹 망하지 않았을지도 모르며, 비록 망했다 하더라도 또한 큰소리라도 치고 버젓이 빛을 남기면서 망했으리라.

나는 오늘날 우리나라의 고상하고 명철한 선비들과 마음을 털어놓고 이야기하고 싶다. 원컨대 우리 동포들이 다시는 큰소리로 떠들지 말기를 바란다. 극단적인 이상주의나 사회주의는 잠시 덮어 두자. 요컨대 오늘날은 국가주의와 민족주의가 서로 경쟁하는 철혈세계(鐵血世界)인 것을 알 것이다. 멀리 서구를 바라보니 바야흐로 전쟁의 자리가 급박하여 살덩이가 날고 피를 흩뿌리며 대포 소리에 지축이 흔들린다. 독일과 영국과 프랑스와 러시아와 오스트리아와 또한 세르비아, 게르만과 슬라브가 한 대륙에 살면서 서로 경쟁을 쉬지 않아 세태의 핍박과 세력이 서로 충돌하고 이권을 서로 다투어 옛날에서부터 아직까지 본 적이 없는 대전국(大戰局)의 상태로 만들어 가고 있다. 우리는 비록 나라가 망한 형세이지만 세계 조류의 격동기를 지나며 자포자기할 수는 없는 것이니, 요는 현실주의로 우리의 머리를 채워야 한다는 것이다. 아아, 고상하다는 것은 무엇인가? 그것은 냉정한 방관(傍觀)[81]일 뿐이며, 안락이란 무엇인가? 그것은 구차스러운 삶일 뿐이다. 나도 역시 허구의 환경을 만들어 그 속에서 스스로 기다려 보기도 하였다. 갑자기 보살도 되고 천당도 되고 신선도 되고 산림처사(山林處士)[82]도 되어 보고, 멀리 바다에도 떠 보고 또 세상을 피하여 보기도 하였다. 그러나 생각하고 또 생각하여 보아도 모두 하지 못하였고, 또 할 수도 없는 것들이었다. 나라가 망하고 민족이 멸망하려는데 나라를 망하게 한 죄를 등에 지고 어찌 천국의 행복을 누릴 수 있으며 망한 나라의 백성이 어떻게 사회적으로 평등할 수가 있겠는가.

머리를 동해로 돌리니 한 조각의 깨끗한 땅도 우리를 받아들여 줄 곳은 남아 있지 않다. 평민이건 귀족이건 소나 말

---

81 어떤 일에 관계하지 않고 곁에서 그 상황만 지켜보고 있음.
82 관직이나 세속을 떠나 재야에서 글이나 읽고 지내는 선비를 지칭.

의 고통을 당하고 고깃덩이와 같은 비참함이 날로 더욱 심해져 시베리아 벌판을 울리던 기적 소리가 머지않아 남대문 밖에서 울릴 것이다. 가죽이 남지 않았는데 털이 어디에 붙겠는가. 아아, 우리 망국의 백성들이 어찌 견디어 낼 것인가. 아아, 동포여! 그래도 건망증에 걸려 있다는 말인가?

아아, 우리 한국은 마침내 영원히 광복하지 못할 것인가. 우리 신성한 역사는 진실로 영원토록 남을 것인가. 세계 각국의 역사를 두루 볼 때 흥망의 일도 또한 덧없이 반복되고 있다. 오직 국민이 애국심을 가지고 일치단결하여 백 번 죽어도 굽히지 않고 끝까지 굳세게 버티어 나가며 인민의 마음이 죽지 않는다면 나라가 비록 망했더라도 망하지 않은 것과 같다. 우리나라의 혼은 지금 어디에 있는가. 나는 천지사방으로 그를 부르노라. 우리의 신성한 역사는 다시 빛날 날이 있을 것인가. 아아, 동포여! 궐기하여라.

아아! 망국의 원인은 위에서 말한 바와 같다. 우리들이 망국의 원인을 알았으니 장차 어떻게 나라를 구하는 대책을 마련할 것인가, 내 감히 우리 동포에게 이르노니, 아직도 죽지 않은 인민의 마음을 모아 전날의 건망을 뉘우치고 지금부터는 영원히 잊지 않도록 하라.

대무신왕(大武神王)[83]은 한 귀퉁이의 작은 나라로써 뜻을 가다듬고 적극성을 길러서 여러 나라를 통일하여 동방의 대고구려를 만들었으며 온조왕은 10인 또는 100인의 단결로써 십제, 백제의 국가를 이루었다. 또한 하(夏)나라 소강(小康)은 한 개의 성과 한 부족으로써 중흥하였고, 제(齊)나라 전단(田單)은 거(莒)와 즉묵(卽墨) 두 개의 성으로 나라를 회복하였으며, 프러시아는 굳센 인내와 뛰어난 용맹으로써 프랑스인의 자취를 옮기게 하였고, 미국은 굳세고 굽히지 않음으로써 영국 군대에 항거했다. 다만 사람마다 고생을 참고 견디며 노력하면서 원수를 뼈에 새기고 모든 사람이 한마음으로 죽음을 맹세하고 나라를 구하면 우리 대한의 앞길은 진실로 크게 희망이 있을 것이다.

어떤 사람은 비난하기를 "우리 조상들의 신과 같은 조화와 공로와 덕을 누가 감히 모르는가, 그러나 오늘날과 같이 호랑이는 물어뜯고 이리는 삼키는 것처럼 짧은 순간에도 만 가지로 변하는 때에 고대의 진부한 흔적이나 강습하라는 것은 또한 소견이 좁고 어리석은 짓이 아닌가. 이 충무공도 오랜 옛 사람이요, 철갑귀선(鐵甲龜船)[84]도 이미 썩어 없어졌는데 아

83 대무신왕(大武神王): 고구려 3대 임금(18~44)으로 광개토대왕 비문에도 동명성왕과 유리명왕의 업적을 이어서 나라의 기틀을 다진 왕으로 기록되어 있다.
84 철갑귀선(鐵甲龜船): 거북선을 말함.

직도 자랑삼아 말하는 것은 꿈속의 잠꼬대가 아닌가. 백성의 마음이 심한 위협 아래 위축되고 그 기세는 가난에 쪼들린 나머지 끊겨졌고 남은 목숨이란 실낱과 같아 죽음을 구하려 해도 부족한 때에 사상이란 다 무엇이냐. 우리 백성 중에 좀 뛰어나 두각을 나타내는 자는 모두 일본이 잘라 버리고 기타 앞길에 희망이 있다 해도 스스로 부르짖는 자가 각기 수단과 방법을 구하나 통솔할 사람이 없어 준비해야 될 실력이 없다. 거기에다 나라는 작고 백성은 적은데 이른바 경각(警覺)[85]이니 결심이니 결합이니 실행이니 장래의 희망이니 하는 따위는 어찌 어리석은 생각이 아닌가"라고 말한다.

아아, 슬프다! 우리 인민은 마음먹은 일도 하지 못하고 마음먹은 말도 감히 하지 못한다. 나는 지금 눈물이 어디로부터 솟구쳐 나오는지도 모르겠다. 아아, 동포여! 나의 완고함과 우매함, 나의 꿈속의 잠꼬대는 나로서는 내 마음을 억눌러 죽이지 못함에서 나오는 것일 줄을 알아 주오. 곧 무릇 완고와 우매와 꿈속의 잠꼬대와 어리석은 생각들은 나에게는 진실로 잠시도 버릴 수가 없는 것들이다.

우리 겨레의 종법은 우리의 종법이요, 앞서 난 철학자들은

---

85 경각(警覺): 타일러 깨닫도록 함.

우리의 철학자들이며, 희망은 더욱 우리의 희망인 것이다. 이것은 물의 근원과 나무의 뿌리와 같은 것으로서, 물이 흘러내리고자 하는데 근원을 막고, 싹이 피어나려 하는데 뿌리를 뽑는 것이 어찌 옳은 일인가. 비록 말하기를 "오늘날 우리 국민의 의지와 기운이 약해지고 졸아들어 떨치지 못한다"고 하지만 이러한 희망을 내걸고 스스로 격려해 나간다면 마침내는 반드시 목적지에 도달할 날이 있을 것이다. 하물며 우리 민족의 밑바탕이 아직 다 쓰지 못하게 되지 않았음에랴.

을사년에 일본인들이 강제로 조약을 맺을 때 그들은 큰 군함으로 인천의 항구를 막아 놓고 대포를 서울에다 진열해 놓았으나 우리나라 군대는 만 명도 되지 못했고 외교적으로 주장하여 알려 볼 여지도 없었다. 그러나 원로 군인들과 서울과 지방의 뜻있는 선비들은 서로 이끌고 몸을 던졌으며 이후 을사·병오·정미·무신의 4년 동안에 의병이 봉기하여 앞에서 엎어지면 뒤에서 계속하여, 아홉 번 죽어도 후회하지 않았었다. 이는 극단적인 압력 하에서도 백성의 마음이 조금도 무서워하지 않았음을 보여주었다. 또 지난날 나라의 빚을 갚자는 소리가 전국에 퍼졌을 때 아동·부녀·상인·주졸(走卒)[86]들

---

86 분주하게 돌아다니며 심부름하고 지내는 사람. 1907년 1월 대구에서 시작된 국채보상운동이 국민운동으로 전개된 사실을 높이 평가한 대목이다.

까지도 눈물을 흘리며 주머니를 털어 거액의 돈을 만들어 놓았으니 이는 또한 극단적으로 궁핍할 때에도 국민의 기력이 아직 끊기지 않았음을 엿볼 수 있다.

나는 또한 나의 부르짖음이 반드시 많은 귀머거리를 떨쳐 일으킬 수 없음을 잘 안다. 그러나 마침내 우리 동포의 귀머거리를 한 번도 떨쳐 일으켜 보지 않는다면 이는 망국의 백성으로서 일생을 마치게 되기를 바라는 것이니 우리들은 장차 어떻게 인간 구실을 할 것인가.

아아, 우리 선민들의 뛰어나게 밝은 혼과 씩씩한 넋은 천지에 터져 만겁(萬劫)을 지나도 살아 있을 것이다. 선인들의 새로운 기물(機物)과 묘물(妙物)들은 세계에 가득 차고 넘치어 사방에 다함이 없을 것이다. 그러니 어찌 제2의 위대한 인걸이 나오지 않는다고 할 것이며 다시 나라를 구제하는 이기(利器)를 새로이 발명해 내지 못한다고 할 것인가. 그러나 나는 아직 그것을 믿지 못하겠다. 이는 오로지 우리 후인들의 노력 여하에 달려 있다.

나는 지금, 옛날 우리 조상들이 대내외적으로 학문과 법령으로 나라를 다스리고 군사상의 공적을 발휘한 역사를 대략적으로 들춰내어 우리 동포를 분발시키려 한다. 바야흐로 우리나라의 문명이 강성했을 때에는 안으로 흑수(黑水)와 한남

(漢南)[87]의 여러 종족을 병합하여 나라를 세우고 밖으로는 고신(高辛)(제곡)[88]·당우唐虞[89]와 같은 임금과 더불어 때를 같이하니, 모든 종족들이 귀화해 와 북해(北海)에까지 그 인자한 소문이 퍼졌었다. 또 기자(箕子)가 귀화하여 들어온 것을 이어 공자가 들어와 살고 싶어 했으며, 불가(佛家)[90]에서도 환인(桓因) 제석(帝釋)[91]의 위패를 모시게 되고 중국의 유학자들도 단군의 신성한 교화를 칭송했다. 요나라·금나라에서는 섬기기를 부모와 같이 하였고, 만주에서는 상국이라 칭하고 임금께 글을 올렸다. 수양제는 강인한 힘으로 국가의 병력을 총동원하였으나 패서(浿西)[92]에서 패망하였고 당 태종도 웅대한 힘으로 10만의 군사를 거느리고 왔으나 요수遼水 서쪽에서 패하고 돌아갔다. 사쓰마(薩摩)[93]에서도 공물을 바쳐 왔고 대마도에서도 와서 조공을 바쳤다. 원(元)나라는 우리를 10년간이나 침략했으나 우리는 맞아 나아가 싸우기에 지치지 않았고,

87 흑룡강과 한강 이남을 가리키는 것으로 만주 전역과 한반도를 뜻한다.
88 제곡(帝嚳): 옛날 중국 오제(五帝) 한 사람. 황제(黃帝)의 증손이요, 요(堯)의 할아버지라고도 함. 전욱(顓頊)을 보좌하여 그 공으로 신(莘) 땅에 봉함을 받았으므로 고신씨(高辛氏)라고 일컬음.
89 당우(唐虞): 요임금과 순임금
90 불교를 믿는 사람, 또는 그들의 사회. 불문佛門) · 불법계(佛法界).
91 범왕(梵王)과 더불어 불법을 지키는 신. 또 십이천十二天의 하나로 서동쪽의 수호신, 수미산 꼭대기의 도리천에 살고, 희견성의 주인으로서 대위덕을 가지고 있음.
92 패서(浿西): 요하의 서쪽을 가리킨다.
93 사쓰마(薩摩): 고대 일본 구주 남서의 나라 이름

왜인들도 8년간이나 우리를 노략질 했으나 마침내 패하여 돌아갔다. 3천의 부하를 거느리고 성인의 백성이 되기를 원한 것은 사야가(沙也可)[94]가 귀화할 때 올린 글이요, 10만의 큰 군사가 외지에서 썩은 뼈가 되어 없어졌다는 것은 토요토미 히데요시가 죽어갈 때의 애달픈 비명이었다. 그런데 오늘날 토지도 그대로요, 인민도 그대로인데 약함이 쌓인 나머지 한 번 엎어져 떨쳐 일어나지 못하니 이 어찌 우리들이 조상들의 무예와 용맹함을 이어받지 못한 죄가 아닌가.

또한 나라를 세우는 데는 정신이 있어야 하는 것이지 땅이 넓고 인종이 많은 데 있는 것이 아니다. 2억의 인도인은 영국에게 병합되었고, 7억 평방 리의 중국은 일본에게 괴로움을 당하였다. 유럽의 몬테카를로라는 나라는 면적이 겨우 6백 평방 리요, 인구가 약 25만인데도 본디부터 용감하고 뽐내고 싸움을 잘하며 참을성이 강하고 굽히지 않는 것으로 이름이 났다. 마레스나토라는 나라는 7천 마일의 면적과 겨우 3천의 인민으로 능히 자립하여 남의 제재를 받지 않으며, 또 이탈리아령의 어떤 해안에는 1평방 리에 4~5백의 인민이 거주

---

94 사야가(沙也可): 임진왜란 때 가토 기요마사(加藤淸正)의 휘하에서 좌선봉장으로 침입하였다가 전쟁이 대의명분에 어긋나는 침략이라고 반대하면서 조선에 귀화하였다. 조선 이름은 김충선(金忠善)이다.

하는 독립된 공화국이 있다고 한다. 오스트리아에 대해 항거한 세르비아와 독일에 항거한 페르시아와 독일이 열강에게 혼자 대적한 것 등이 최근의 분명한 증거다. 그러니 아아, 우리는 21만 평방 리와 3천만의 인민이나 되면서 또한 정신을 차릴 것인가, 못 차릴 것인가?

가령 우리들의 앞길에 희망이 없다 하더라도 또한 어찌 차마 앉아서 스스로 죽어가는 것을 보고만 있을 것인가. 늙은 어버이가 병에 걸려 반드시 죽을 것을 알면서도 그 비용을 아껴서 집에 인삼과 녹용이 있는데도 쓰려 하지 아니하고 이웃에 훌륭한 의사가 있는데도 불러 쓰려 하지 않는다면 어찌 사람의 마음을 가진 자라 하겠는가. 사람이 죽으면 무덤을 만들어 장사를 지내고 추모하여 제사도 지내는 것은 대체로 그 영혼을 위안하는 것이다. 만약 유명을 달리 하였다고 해서 시체를 도랑이나 산골짜기에다 버리고 짐승들의 밥으로 던져 준다면 또한 어찌 마음에 편안할 것인가. 무릇 사람들의 자식으로서 어버이를 섬김에 있어 비록 그 병을 고치지 못할 줄 알면서도 방법을 강구하며 고쳐 보다가 불행히 돌아가시면 반드시 울부짖으며 가슴을 치고 발을 구르는 것은 인정상 떳떳한 일인 것이다.

이러한 경우는 인민이 국가에 대해서도 어찌 다를 것인가?

"큰 집이 기울어질 때 하나의 재목으로 그것을 지탱할 수가 있고, 푸르고 깊은 바다의 넘쳐흐르는 물결도 하나의 조각배로 건너갈 수 있는 것은 이 또한 사람의 행동하기에 달려 있다"는 것은 어찌 우리 조상들의 명언이 아니겠는가. 우리들이 어찌 세 번 다시 이 말을 되새기지 않으랴.

아아, 우리들이 각자 일을 꾀하여 하나도 이루지 못한 것은 우리 민족의 남아 있는 재앙이 다하지 않은 탓이란 말인가. 그렇지 않으면 하늘이 우리 대한에게 영원히 복을 내리지 않아서인가. 그렇지 않다면 어찌 이와 같이 흩어지고 위축되었는가. 진실로 희망이 없이 만회할 수 없는 지경에 이르렀다고 여겨 매양 소극을 주장하는 자들은 반드시 말끝마다 불가능하다고만 하며 또 실제 그런 행동을 드러내 보이니 또한 적중하지 않음이 없어 거의 그들과 대항하여 말하기가 어렵다. 그러나 나는 그렇게 여기지 않는다. 참으로 무슨 방법이 없는 것도 아니니 대담하게 일이 어그러졌다고 이야기하는 것도 또한 걱정할 일이 못 된다. 우리들이 미래를 경영한다고 스스로 부르짖는 것은 무엇인가. 그것은 어찌 국가와 민족이라고 말하지 않겠는가. 이미 이것으로 전제를 삼고 근본을 삼는다면 그 주장을 진행시키는 것이 비록 각기 다름이 있다 해도 결국 길은 다르면서도 도착하는 점은 다 같으니 옳지 않은 것이 없다. 대체로 국가 민족주의는 하나의 집합점이다. 이것을 비유하여 말하면 어떠한 곳으로 가는데 누구는 뭍으로 가는 것을 좋아하고 누구는 물길로 가는 것을 좋아하나 그 목적지에 닿는 것은 똑같다. 우리나라 속담에 이른바 '모로 가도 서울만 가면 된다'는 말이 이것이다.

사실 강제로 갑이 을에게 같은 배로 가자거나 을이 억지로 갑에게 같은 차로 가자고 하는 것은 가능하지 않다. 또 소위 사람의 희망이란 현재의 불평등한 지위에서 벗어나 우리로 하여금 장래에 오늘보다 나은 데 도달하기를 바라지 않을 리는 없는 것이다. 곧 계급이 다르면 희망도 다르고 뜻을 세움에 있어 고상하고 비천한 구분이 있으면 진행에도 도리어 가볍고 무거움, 느리고 빠름의 차이가 있는 것이다. 우리나라 속담에 '목이 마른 자가 물을 마시는데 맑고 흐림을 가리랴'라고 하기도 하고 또 '말을 타면 경마 잡히고 싶다'고도 하였다. 또는 프랑스 루이의 '연방국가'와 루소[95]의 '민권자유'와도 같다. 허유(許由)[96]는 평범한 사람으로서 천하를 양보했고,

---

95 루소(Jean-Jacques Rousseau): 프랑스의 계몽사상가. 부르주아 민주주의를 지지하고 시민의 자유를 강조했다.
96 허유(許由): 고대 중국의 전설상의 인물. 초세속적 사상을 가진 높은 선비로서 요나라 임금이 왕위를 물려주려 하였으나 받지 않고 도리어 자기의 귀가 더러워졌다고 하여 영천의 물에 귀를 씻고 기산箕山에 들어가 숨었다고 함.

한 무제는 만승천자(萬乘天子)[97]로서 무엇 하나 부족함 없는 사람이었지만 신선을 찾았고, 석가는 말하기를 "중생이 곧 나요, 나는 중생을 밝힌다"고 하였고, 마호메트는 "칼날의 빛 가운데 천국이 있다"고 하였다. 이렇듯 사상은 이미 수만 수천 가지로 다르므로 사람들에게 강제로 서로 있게 할 수 없으리라.

우리들 중에 다만 대다수가 국가의 이익과 국민의 권리를 표준하여 그것을 전제로 삼고 그것을 근본을 삼아 그 정신을 떨쳐 일으키고 집합점에 도달할 수 있음을 바란다면 그 주장이 비록 다르다고 하더라도 큰 걱정은 없는 것이다. 옛날 우리나라의 노론·소론·남론·북론의 당쟁은 정권과 세력을 잡기 위한 것이고 병호(屛湖)[98]와 호락(湖洛)[99](성리학에 있어서 호론·낙론)의 당쟁은 지위의 차이와 이론의 갈라짐 때문에 생겨난 것이다. 이제 우리들은 다 같이 망국의 백성이 되었으니 절대로 으스대고 자랑할 만한 일이 없다. 그러니 어찌 서로 다투고 서로 넘보는 싸움이 있겠는가. 국가의 흥망은 한 평범

---

97 만승천자(萬乘天子): 천자(天子)나 황제를 높이어 일컫는 말. 만승지군.
98 병호(屛湖): 경상도 안동의 유림계에서 4백년 동안 이어 내려 오던 논쟁으로 서해 유성룡과 학봉 김성일의 위패를 왼쪽에 모실 것이냐 오른쪽에 모실 것이냐는 문제를 두고 양쪽 제자들이 벌린 논쟁이 병호 시비이다.
99 호락(湖洛): 조선 후기 노론 계통의 학자들이 사람의 사물과 성(性)이 같은가를 놓고 전개한 논쟁.

한 사람에게도 책임이 있는 것이니, 바라는 바는 각기 그 직분에 맡겨진 책임을 다하여 사사로운 의견으로 공공의 이익을 빼앗지 말라.

  프랑스에서 자유의 종이 울리자 전국이 두 차례의 유혈 사태가 일어남도 사양치 아니하였고 미국에서 독립의 깃발이 날리자 각 주가 8년 전쟁에 나아가면서도 이의(異議)가 그 사이에 끼어서 전쟁을 그르쳤다는 말은 듣지 못했다. 일본인은 이익을 탐내고 소견이 좁아 그들의 유신(維新)[100] 역사의 기록을 보면, 제1기 유신당이 결성될 때는 번과 막이 그들을 원수로 여겼고, 정검회(靜檢會)니 중립사(中立社)니 하는 것들도 서로가 모함하고 욕하고 때려 편안한 날이 없었다. 그러나 국회가 성립되고서는 자연히 일치가 되어 진행되었다. 또한 최근 중국의 혁명사들 보더라도 정부에서 제거하고 종사당[101]이 성토하며 보황당[102]이 공박하며 기타 여러 부류들이 짝을 지어 다른 편을 토벌하여 서로 흩어지고 어긋남이 많았다. 그러나 대세가 한 곳으로 쏠리자 마침내 공리(公理)에 굽히는

---

100 유신(維新): 모든 것이 개혁되어 새롭게 됨. 묵은 제도를 아주 새롭게 고침.
101 종사당(宗社黨): 청나라 말기 존재하였던 당파의 하나. 공화제를 반대하여 조직한 결사로 위안스카이와 정면으로 충돌하였다. 지도자의 한 사람인 양필이 폭사됨으로 세력을 잃었다.
102 보황당(保皇黨): 청나라 말기 광서제가 정치의 혁신을 시도하다가 실패하자 서태우에 의하여 국외로 추방되었다. 캉유웨이와 량치차오 등은 해외 중국인들을 중심으로 조직한 정치단체.

바가 되었다.

대체로 우리들은 나라를 구하고자 하는 뜻이 비록 같다 하더라도 그 주장이 혹 하나라 하여도 사사로운 의견을 버릴 수가 없어서 일치를 보지 못한다면 쓸데없는 말썽이 생겨서 일을 진행하는 데 방해가 되고 막히게 될 것이다. 활활 타는 숯불도 흩어 놓아 드문드문 있으면 아이들도 밟아 끌 수가 있으니 한 가닥의 실이 어찌 동아줄이 되겠는가. 이렇게 시들고 느른해지거나 굳세지 못하여 부질없이 희망의 사치만 삼는 것은 너무나도 스스로 헤아리지 못하는 것이다. 우리날 속담에 '나무 밑에 누워서 감이 입으로 떨어지기를 바란다'고 하였고, 또 '돼지 족발 하나와 한 잔의 술로써 수레에 가득 실리기를 바란다'라고 한 것과 같아서 이는 또한 순우[103]씨의 웃음거리가 되는 것이다.

그러므로 오늘날 사사로운 자기 의견을 희생하여 근본을 주장하고 인심을 단결하는 것을 전제로 삼아야 한다. 요컨대 통솔문제를 제일 해결하기 어려운 것으로 생각하나 나의 좁은 소견으로는 그렇게 걱정할 것이 없다고 생각한다. 대개 오늘날의 경우와 시대와 자격 때문에 진실로 하나의 통치자

---

103 순우(淳于): 순우곤(淳于髡)을 가리키는 것으로 중국 춘추전국시대 박학하기로 유명.

를 얻어 추대하기가 어렵다면 다른 시대로 거슬러 올라가 한 마음으로 받들 만한 자를 구하여 그에게 복종하며 뜻을 모으는 것이 어찌 해로울까.

우리나라를 열어 세우신 단군은 곧 우리들의 주재자다. 우리나라를 구한 장본인인 이순신은 우리의 통제자다. 우리가 진실로 민족주의를 품고 조국의 광복을 결심하고 실력을 가지고 행동하며 어려움을 피하지 않는다면, 그러한 사람은 본관이나 호적을 묻지 않고, 어느 파인가를 묻지 않으며, 남녀노소를 묻지 않으며, 멀고 가까움, 친함과 그렇지 않음을 묻지 않으며, 유명하든 그렇지 않든, 단체이든 단독이든, 온건이든 급진이든, 비밀이든 노골적이든, 공인이든 상인이든, 농부든 선비든 모두 우리들의 동지다. 우리는 동지 가운데서 그 공복이 될 만한 자를 가려 뽑아 맡겨 시키고 감독하며 아끼고 보호하며 찬조하며 믿고 따라가며, 부당한 것이 있으면 배척하되 다만 의심하고 시기하고 알력을 일삼아서 불화를 자아내서는 안 되며, 사람마다 법률을 믿어서 다스림을 받으면 당사자들도 또한 일정한 범위 내에서 함부로 벗어나지 못할 것이다. '실력준비' 운운하는 것은 우리들이 마땅히 국민들의 말과 없어진 정신을 회복하고 나서 다시 올바르고 굳건한 의지를 결정해야 할 것이다. 10년 동안 끌어모으고, 10년 동안 교훈하는 것은 우리들의 책임이다.

아아! 오늘이 무슨 날인가. 우리들이 이 지난날을 뉘우치고 장래를 채찍질하는 새로운 기념일이다. 오직 우리 민족은 우리의 조종을 잊지 말아야 할 것이다. 우리의 시조께서 신으로 내려오시어 나라를 여신 달에 우리의 충무공 이순신이 나라를 구하다가 난에 순사하셨고, 또 우리 시조가 어천[104]하던 달에 이 충무공이 탄강하셨다. 우리들은 10월 3일로써 우리 민족의 대기념일로 삼아야 한다.

기념한다는 것은 잊어버리지 않는다는 상징의 표현인 것으로 우리의 정신이 배어 있는 증거이다. 우리 조상은 신성한 영웅이요, 호걸로 계속 이어 왔으나 특히 우리 단군을 받드는 것은 백성을 내고 가르친 창시자이기 때문이다. 우리 시조의 자손들로 어질고 현명하고 명철한 분이 대대로 없었던 것은 아니지만, 특히 이 충무공을 받듦은 충효와 학문과 무예로 뜻을 다했던 분은 4천 년 사이에 오직 한 분뿐이기 때문이다.

그러니 오직 우리 국민은 여기에 귀착하고 여기에 의거하며, 이를 모범으로 삼고 이에 이름을 열며 이에 결합하고 이

---

104 어천(御天): 하늘로 올라간다는 의미.

에 정성을 바치며, 이에 맹세하고 이에 작업을 하며, 이에 복을 빈다면 하늘과 땅을 주관하는 신이 실로 그 뜻을 좇아 순순히 명하기를 "나아가서 쳐라. 내 너희에게 크게 이기게 하리라"라고 하였다. 묵자가 말하기를 주나라 무왕이 은나라를 치려고 할 때, 꿈에 삼신(三神)이 나타나 말하기를 '내가 이미 은나라 주왕(紂王)을 주덕(酒德)에 빠지게 하였으니, 네가 가서 그를 치면 내가 반드시 너에게 크게 이기게 하여 주리라'라고 하였다. 이리하여 우리 자손들은 장차 옛 도읍을 다시 세우게 될 것이다. 동사(東史)에 말하기를 부여의 상신(相臣) 아란불이 꿈에 천제를 보았는데, 천제가 말하기를 "나의 자손이 장차 옛도읍을 세울 것이다"라고 하였다. 왕 해모수가 나라 동쪽에서 유화 부인을 만나 주몽을 낳는데, 이가 고구려의 시조가 되는 것이라고 하였다. 그러니 우리 천지신명의 자손들이여! 힘을 쓰지 않겠는가. 힘쓸지어다.

갑인(1914)년 단군 개천건국 기원절후 16일(11월 18일), 이충무공 한산도 순국일에 단군의 후예인 일민이 애오산려에서 씀

붓을 들어 이 글을 쓰려고 할 때, 황국 옛 강역에 교화가 다시 진작되었다는 소식을 해내외로부터 전해 들었다. 무궁화

고국에 풍운이 마침내 일어나, 하와이에서 건아가 교육을 하고, 미국에 거주하고 있는 인사가 국문타자기를 발명하고 새로운 주자도 나타나게 되었다. 장백산에 망명한 백성이 조국의 역사를 정리하고, 상하이의 준걸들이 병공(兵工)의 학문을 중시하고 있다. 국민이 단합하여 생업을 권하는 것으로 덕을 삼고, 마음을 합쳐 도우며 쉬지 않고 행한다는 소식을 듣고는 붓을 던지고 춤을 추었다. 나는 향을 살라 간절히 기원하노니, 한마음 한 가지 덕으로 더욱 힘써 분발하고, 태만하지 않고 시종일관할 수 있으면, 이것이 우리나라의 효성스럽고 충실한 후손들을 위하고, 또 우리의 영웅과 지사들을 위하는 것이니, 우리 고국을 잃은 상란(喪亂)[105]의 참화는 해결의 가망이 있을 것이다. 나는 비록 갈대와 같이 힘은 약하나, 채찍 들고 따르기를 바라노라.

일민 덧붙여 씀.

---

105 상란(喪亂): 전쟁, 전염병, 천재지변(天災地) 따위로 인()하여 사람이 많이 죽는 變因일.

■ 저자

김삼웅(李憲柱)

독립운동사 및 친일반민족사 연구가로, 『대한매일신보』(지금의 『서울신문』) 주필을 거쳐 성균관대학교에서 정치문화론을 가르쳤으며, 4년여 동안 독립기념관장을 지냈다. 민주화운동관련자 명예회복 및 보상심의위원회위원, 친일·반민족행위진상규명위원회위원, 제주4·3사건 희생자 진상규명 및 명예회복위원회위원, 3·1운동 및 대한민국임시정부수립 100주년 기념사업추진위원회위원 등을 역임하고, 현재 신흥무관학교 기념사업회 공동대표, 국립대한민국임시정부기념관 건립추진위원회위원 등을 맡고 있다.

역사·언론 바로잡기와 민주화·통일운동에 큰 관심을 두고, 독립운동가와 민주화운동에 헌신한 인물의 평전 등 이 분야의 많은 저서를 집필했다. 주요 저서로는 『한국필화사』, 『한국곡필사』, 『위서』, 『금서』, 『을사늑약 1905. 그 끝나지 않은 백년』, 『백범 김구 평전』, 『약산 김원봉 평전』, 『이회영 평전』, 『신채호 평전』, 『김영삼 평전』, 『김대중 평전』, 『노무현 평전』, 『김근태 평전』, 『신영복 평전』, 『장일순 평전』, 『의열단 항일의 불꽃』, 『3·1혁명과 임시정부』, 『10대와 통하는 독립운동가 이야기』 등 50여 권이 있다.